小学館文庫プレジデントセレクト

活きる力

稲盛和夫

小学館

まえがき

私は1932年生まれで、物心ついたときに、第二次世界大戦の終戦を迎えました。戦後の日本は、若い皆さんには想像がつかないと思いますが、ほとんどの都市が米軍の空襲で灰燼《かいじん》に帰し、私が生まれ育った鹿児島も焼け野が原が広がっていました。また、人々は急造のバラックのような貧相な建物に住み、十分な食料もなく、みんな飢えに苦しんでいました。

しかし、そのような環境にあっても、人々は決して活力を失ってはいませんでした。むしろ何としても生き延びていこうと奮い立ち、今自分ができることに必死に努めていました。私も新制中学校の生徒でしたが、親を手伝い、焼酎や塩づくりに汗を流し、家族が生きていく糧としていました。

日本は、そのような国民一人ひとりが持つ「活きる力」で、国家存亡という危機的状況を脱したのみならず、そのような力をバネに、世界中から奇跡と称される戦後復興を成し遂げ、経済成長を果たしていきました。

一方、この本を手に取られた読者の皆さんは、日本が豊かになってから生まれた方が大半かと思います。食べるものに困ることもなく、欲しいものは買い与えられてきた、いわゆる物質的に恵まれた時代の中で育ったのではないでしょうか。

そのような世代は、豊かで満ち足りた日本しか知らず、どうしても困難なことに挑戦し、障害を乗り越え、クリエイティブなこと、チャレンジングなことを成し遂げようという気風に欠けるところがあります。

今が満たされていますから、新しいことに手を出すのではなく、現状に安住しようとしてしまうのです。

そのため、「草食系」や「ゆとり世代」などと呼ばれる、優しい半面、生きる気力に欠けた人たちが、多くを占めるようになってしまったのではないでしょうか。

もちろん、優しい心は必要不可欠です。しかし、それだけでは困難を乗り越える気力は湧いてきません。また企業は市場競争に敗れ、淘汰されてしまいます。国家もグローバル競争の中で衰退していかざるを得ません。時代は大きく変化し、経済環境は急速に変動し、技術革新のスピードは加速しています。

そのような混沌とした中にあるからこそ、状況に流されず、環境に負けないだけの「ナニクソ」という強い精神、つまり「闘争心」が必要になるのです。

現代の日本社会が、そんな闘争心、ハングリー精神を育むのが難しい状況にあるというなら、未来を担う若者は、自ら進んでハングリー精神を発揮せざるを得ない環境を求めていかなければなりません。恵まれた日常に訣別《けつべつ》し、自ら困難を求めていくような思い切った行動が必要です。しかし、そのような「冒険」は誰にでもできるわけではありません。

であれば、せめて書物などで、精神面だけでもハングリーさを勉強し、学んでいくことが必要でしょう。

かつては悲惨な環境の中、否が応でも「活きる力」をかき立てることができました。しかし、豊かになった現在、若者たちを励ますには、新たな手立てが要るのだろうと思います。

若い人たちをして、意識的に奮い立たせるような機会をつくることもまた、今後は社会全体で考えていかなければならないことではないでしょうか。

本書は、私の母校である鹿児島大学が開催したシンポジウムにおいて、学生や大学院生向けに私がお話しした講演を中心に、質疑応答やパネルディスカッションも交え、構成しています。

愛する後輩たちへの励ましをベースにした本書が、これからの日本を担うであろう若者たちにとって、再び「活きる力」を育む契機となれば幸いです。高い志を持って人生を歩む羅針盤となれば、著者として望外の喜びです。

京セラ名誉会長　稲盛和夫

活きる力

目次

まえがき　2

第1章　今、君たちに伝えたいこと

人生を決めていくのは、心の中に抱く「思い」　16
「人間性や人格」「境遇や環境」は、「思い」によって形成される　17
今日の豊かな文明社会は、人類の思いつきによって築かれてきた　20
人間には利己と利他の心が同居する　23
利他的な心を発揮するには「手入れ」が欠かせない　25
強烈な願望を抱き「思い」を「信念」に変え、「胆識」にまで高める　29
純粋で美しい心で一直線に思い続ければ、成功しないものはない　31
京セラをグローバル企業にまで成長させることができた理由　34
なぜ経験も知識もない電気通信事業という分野に参入したか　37
日本航空の再建には、利他の心に基づく三つの意義があった　40

京セラもKDDIも日本航空も「思い」があったからこそうまくいった　45
次代を担う皆さんとの質疑応答①　48

第2章　人は何のために生きるのか

サブプライムローン問題に端を発する金融危機について　62
金融危機を起こしたのは「人間の欲望」である　64
採集から農耕への転換の中で　66
大量生産、大量消費、大量廃棄という現在の経済システム　68
近代の物質文明も滅びる可能性がある　70
人類は本当に生存していけるのだろうか　73
野放図な欲望をベースにした発展を続けていってよいか　75
欲望を抑えるということは、人類の命題　77
同居する利己の心と利他の心　78

心に思った通りになる　80
損か得かではなく、善悪で考えて判断する　81
利己的なものが出てきたら、良心を働かせてモグラ叩きのように叩く　83
思いやりの心を強く持つことの重要さに気づかなければいけない　84
次代を担う皆さんとの質疑応答②　87

第3章 自分の道を切り拓くための六つの精進

すばらしい実りある人生を得るために　94
1　誰にも負けない努力をする　95
2　謙虚にして驕らず　98
3　反省のある毎日を送る　100
4　生きていることに感謝する　105
5　善行、利他行を積む　108
6　感性的な悩みをしない　113

第4章

仕事には哲学を持ち込め

人生というのはその人がどういう考え方をするのかによって決まる 118
考え方を変えるまで不運の連続だった私の人生 119
研究に打ち込むようになると、人生がどんどんよい方向に進みだした 122
知識も経験もなかった私が心の座標軸に定めたもの 127
第二電電（現ＫＤＤＩ）が成功したたった一つの理由 130
筋を通す、つまり原理原則を貫くことに徹する 134
最後に残るのは世のため人のために尽くしたもの 137
人生の方程式について 139
どんな思想を持とうと、その結末は自分で摘み取らなければならない 143
次代を担う皆さんとの質疑応答③ 146

第5章 20代で知っておくべき経営の12カ条

会社を経営するとき、一人の社会人として働くときに必要な原理原則 156
1 事業の目的、意義を明確にする 158
2 具体的な目標を立てる 160
3 強烈な願望を心に抱く 164
4 誰にも負けない努力をする 169
5 売上を最大限に伸ばし、経費を最小限に抑える 172
6 値決めは経営 175
7 経営は強い意志で決まる 178
8 燃える闘魂 181
9 勇気をもって事に当たる 182
10 常に創造的な仕事をする 185
11 思いやりの心で誠実に 188
12 常に明るく前向きに、夢と希望を抱いて素直な心で 191

第6章 稲盛フィロソフィの力（鹿児島大学 稲盛アカデミーより）

「稲盛研究」の四氏によるパネルディスカッションをここに再現 196
髙巖教授：なぜ稲盛哲学は社会を動かせるのか 199
三矢裕教授：管理会計学から見るアメーバ経営の真髄 213
青山敦教授：稲盛経営哲学研究センターとは？ 222
四人の教授、それぞれが考える「利他の心」 230

あとがき 鹿児島大学 稲盛アカデミーの挑戦 239

カバーデザイン　秦　浩司

第1章
今、君たちに伝えたいこと

人生を決めていくのは、心の中に抱く「思い」

私は84歳になりました。

この84年にわたる人生を通じまして、心にどのような「思い」を抱くかで、人生そのものが決まっていくのだというふうに思っています。そういうことを幾度も経験してきました。

ですから、このことはこの世の真理であると、私は確信しています。

まず、人間が「思う」ということについて、考えてみたいと思います。

我々は一般に、物事を論理的に組み立てたり、頭で推理・推論したりする、つまり「考える」ことが大切であると思っています。一方で、「思う」ということは誰にでもできるので大したことではない、と、そんなふうに思っている方が多いのではないでしょうか。

しかし、この「思う」ということは、「考える」ということよりもはるかに大事なことです。

我々が生きていく中で、この「思う」ということほど、大きな力を持つものはないのではないかと、私はそう信じてきました。

本書を手に取ってくださった皆さんの中には、「勉強ができる」、「頭がよい」ということが大事であると思われている方がいるかもしれません。

もちろんそれらは、とても大事なことではあります。

しかし、心にどのようなことを思うかということは、それよりもはるかに大事なことなのです。

「人間性や人格」「境遇や環境」は、「思い」によって形成される

この「思う」ということが、人間のすべての源、基本になっているにもかかわらず、多くの人はそうしたことに気がついていません。

そのことは、二つの側面から捉えることができます。

一つは、我々が毎日の生活を送る中で抱く「思い」の集積されたものが、我々の人間性、人柄、人格をつくりだしているということ。つまり、我々は毎日毎日あることを思っていますが、その「思い」が集まったもので我々の人間性や人柄、人格ができ

あがっているのだということです。

「自分だけよければいい」という、自分勝手な、えげつない「思い」をずっとめぐらせている人は、その「思い」と同じように、えげつない人間性、人柄、人格の人になっていくと私は思っています。

逆に、思いやりに満ちた優しい「思い」を抱いている人は、知らず知らずのうちに思いやりにあふれた人間性、人柄、人格になっていきます。

「思い」というのは、ことほどさように、非常に大きな影響を我々に及ぼしているわけです。

さらに、「思い」はもう一つの大きな役割を持っています。「思い」というのは、その人に合った境遇や環境を形成していきます。

言い方を換えれば、「思い」の集積されたものが、その人の運命をつくっている。こう表現しても過言ではありません。

この点について、今から100年ほど前に活躍したイギリスの啓蒙思想家であるジェームズ・アレンが、このように言っています。

人間は思いの主人であり、
人格の制作者であり、
環境と運命の設計者である

その人の周囲に何が起こっており、そして現在どんな境遇にあるのか。それはまさに、今までその人がずっと心に抱いてきた「思い」が集積されたものです。「私は不幸な運命のもとに生まれた人間なんだ」とひがんだところで、何の意味もありません。

その運命は他人が押し付けたものでもなければ、自然がもたらしたものでもなく、ほかでもない自分自身の「思い」がつくりだしたものだからです。

家族との関係、隣人との関係、仲間同士との関係など、人間関係のすべては自分の心の反映なのです。

「自分のまわりには意地の悪い人、人を騙したりする人、悪さをする人がたくさんいる」と、我々はついつい思ってしまうのですが、それも自分自身の心の反映です。

多くの宗教家や聖人、賢人がみな、言い方や表現こそ違えど、同じことを言っています。

それにもかかわらず、多くの現代人は、自分が抱く「思い」にそれほど大きなパワーが秘められているとは信じていません。

しかし、信じていなくても、実際には人生の結果も、人間関係も、地域社会との関係も、すべては自分の「思い」がつくりだしているものなのです。

今日の豊かな文明社会は、人類の思いつきによって築かれてきた

皆さんもよくご存じの通り、今から250年ほど前にイギリスで起こった産業革命を機に、人類は近代的な文明社会を築いてきました。それは人類の「思い」から生まれたものです。

もともと人類は、木の実を拾い、魚を獲り、獣を捕まえる狩猟採集の生活を行い、自然と共生していました。

しかし、今から1万年ほど前に、人類は自分たちで生産手段を持ち、穀物を栽培し、家畜を養って食べるという、農耕牧畜の時代へと移っていきました。

狩猟採集の時代には、人類は自分たちの意志だけで生きていくことはできませんで

した。それが農耕牧畜によって自然の掟から離れ、自分たちの意志で生きていけるようになっていったのです。

そしておよそ250年前に、産業革命が起こりました。人類は蒸気機関を手に入れ、工場で多くの機械を使い、さまざまな製品を生産するようになりました。

それからというもの、人類は次から次へと発見・発明を行い、科学技術が著しく進歩し、今日のすばらしい文明社会がつくられていきました。

悠久の歴史の中で、わずか250年という大変短い時間で、人類は豊かな文明社会を築き上げてきたのです。

なぜ、これほどまでに科学技術が発達してきたのでしょうか。それはとりもなおさず、人間が本来持っている「思い」というものが基になっています。

人は誰でも、「こうしたい」、「こういうものがあったら便利だ」、「もし、こういうことが可能ならば」という「思い」が心に浮かんできます。

たとえば、今まで歩いていたり走っていたりしたところを、「もっと速く、便利に移動できる方法はないだろうか」と思い、そこから「新しい乗り物が欲しい」という夢のような「思い」を抱くようになります。そして、その夢のような「思い」が強い動機となって、人間は実際に新しいものをつくっていきます。

何度も失敗を繰り返しながら、新しい乗り物をつくりだしていきました。そのようにして、ある人は自転車というものを考案しましたし、またある人は自動車を発明し、またある人は飛行機をつくりました。

そういう具体的なものを発明し、つくっていく際には、頭で考え研究しなければなりませんが、その発端となるのは、心の中にフッと湧いた「思いつき」です。

一般には、よく「思いつきでものを言うな」と言われるように、「思いつき」というのは軽いことだと、ついつい思われがちです。

しかし、その「思いつき」こそが非常に大事なのです。人の心に浮かんださまざまな「思いつき」が、発見・発明の原動力となり、今日の科学技術を生み出してきたと、私は思っています。

このように、人間の行動は、まず心に「思う」ことから始まるわけです。

「思う」ということがなければ、人間は何も行動を起こすことができません。多くの人は「思う」を簡単なことだと捉え、軽んじていますが、「思う」ことほど大事なことはほかにないのです。

人間には利己と利他の心が同居する

次に、この「思い」が芽生えてくる人間の心についてです。

私は、人間の心は二つのものから成り立っていると考えています。

一つは、「自分だけよければいい」という欲望に満ちた利己的な心です。

人間は、自分の生命を維持していくためには食事をしなければなりません。

また、寒さを防ぐ衣服も着なければなりませんし、風雨を防ぐ家にも住まなければなりません。

そういう自分自身が生きていくのに必要な欲望を一般には本能と言いますが、この本能をベースにした「自分だけよければいい」という利己的な心というのは、誰もが持っているものです。

もう一つは、「他の人たちを助けてあげたい」、「みんなに親切にしてあげたい」という利他の心です。

この利他とは、「他を利する」と書きます。私たちは、利己的な心だけでなく、そういう優しい利他の心も、誰しも持っています。

つまり、どの人の心の中にも、利己と利他の二つの心が同居し存在しているのです。

大切なのは、そのどちらが自分の心の中で大きな割合を占めるのか、という点です。

このせめぎ合う人間の二つの心ということでご紹介したいのが、ノーベル文学賞も受賞したインドのタゴールという有名な詩人です。

タゴールが書いた詩の中に、次のようなものがあります。

私はただ一人、神様のもとにやってきました
しかし、そこにはもう一人の私がいました
その暗闇にいる私は、一体だれなのでしょうか
私はこの人を避けようとして、脇道にそれますが、
彼から逃れることはできません
彼は大道を練り歩きながら、地面から砂塵をまきあげ、
私が慎ましやかにささやいたことを大声で復唱します
彼は私の中の卑小なる我、つまりエゴなのです

主よ、彼は恥を知りません
しかし、私自身は恥じ入ります
このような卑小なる私を伴って、あなたの扉の前に来ることを

タゴールはこの詩の中で、利他的な、優しい思いやりに満ちた心を持った自分と、薄汚く、意地悪で、すぐに怒ったりする、自分だけよければいいという強欲な心を持ったもう一人の自分とが同居しているということを、うまく表現しています。

私自身は、できるだけ美しい心で生きたいと思っているのに、薄汚いもう一人の私が自分から離れようとせず、どこまでもついてくる。その二人の自分は、同じ心の中に同居しているので、離れていくわけがないのですが、そのことをタゴールは神様の前で恥じているのです。

利他的な心を発揮するには「手入れ」が欠かせない

では、この自分だけよければいいという利己的な心を抑えて、利他的な美しい心を

発揮していくには、どうすればよいのでしょうか。

そのことについて、先ほども紹介したイギリスの啓蒙思想家のジェームズ・アレンは、人間の心を庭に例えて、次のように表現しています。


人間の心は庭のようなものです。

それは知的に耕されることもあれば、野放しにされることもありますが、そこからは、どちらの場合にも必ず何かが生えてきます。

もしあなたが自分の庭に、美しい草花の種を蒔《ま》かなかったなら、そこにはやがて雑草の種が無数に舞い落ち、雑草のみが生い茂ることになります。

すぐれた園芸家は、庭を耕し、雑草を取り除き、美しい草花の種を蒔き、それを育みつづけます。
同様に、私たちも、もしすばらしい人生を生きたいのなら、自分の心の庭を掘り起こし、
そこから不純な誤った思いを一掃し、

そのあとに清らかな正しい思いを植えつけ、
それを育みつづけなくてはなりません。

『「原因」と「結果」の法則』（サンマーク出版）より抜粋

つまり、人間の心というものは自分で手入れをしなければならないのです。放っておいたのでは、雑草が生い茂る庭のようになってしまいます。すばらしい草花がきれいに咲く庭のような美しい心にするためには、自分の心の状態をよく観察し、確認して、手入れをする必要があるということを彼は説いています。

雑草の生い茂る心のままに人生を生きていったのでは、その人の人柄はひねくれ、意地悪な性格の人間になっていきます。同時に、そういう悪い人間性を持った人の周囲には、その人間性に合ったように、波瀾万丈で困難なことが次から次へと起こってくるようになります。

一方、先ほども述べたように、きれいな美しい心で生きていく人は、すばらしい人間性、人柄、人格になると同時に、その人の周囲にも、その人間性、人柄、人格に合ったような、すばらしい出来事が起こってきます。

仕事も順調にいき、会社も繁栄し、豊かで平和な家庭が築けるといったように、すばらしい環境が周囲にできてくるわけです。心に抱く「思い」というものは、それほど偉大な力を持っているのです。

本書を手に取ってくださった皆さんは、将来に向けて一生懸命に勉強したり、仕事に励んだりしていると思います。

もちろんそれはとても大事なことですが、さらに大事なのは、心の手入れ、心の整理をすることです。

私たちは、「自分だけよければいい」という利己的で邪《よこしま》な心をなるべく抑え、思いやりにあふれた美しい利他の心が自分の心の大部分を占めるように、心の庭の手入れをしなければなりません。

実は、宗教家の方々が修行や荒行を通じて行っているのが、この自分の心をきれいにするということです。厳しい修行を通じて自分を鍛え、心を整えているのです。

そうした心を美しく、きれいなものにしていくということは、宗教家だけでなく、一般の我々も行うべきことなのです。

今、こうして生きている自らの心を美しいものにしていくこと。そのことが、その人の人生にとって、とても大事なことだということに気づき、思いを発するベースである「心」をきれいにすることに努めなければならないのです。

強烈な願望を抱き「思い」を「信念」に変え、「胆識」にまで高める

純粋で美しい「思い」を持つことに加えて、もう一つ我々が行うべきことがあります。それは、強烈な願望を心に抱き、「思い」を「信念」にまで高めていくということです。

「こうしたい」、「ああしたい」という「思い」は、必ず実現させることができます。しかし、その「思い」を実現させるためには、「思い」は寝ても覚めても思い続けるくらいの強烈なものでなければなりません。

私たちはあらゆる物事を行ううえで、まずは「こうありたい」、「こうしたい」といった「思い」を抱きます。

そのほとんどは、心の中にフッと浮かんだ「思いつき」ですが、それを「何としても成し遂げたい」という強烈な願望によって、その「思い」を「信念」にまで高めら

れたものにしていかなければならないのです。

このことに関して、東洋思想の大家である安岡正篤《やすおかまさひろ》さんは「知識」、「見識」、「胆識」という言葉で説いています。

人間は生きていくために、いろいろな知識を身につける必要があります。しかし、そのような知識を持つだけでは、実際にはほとんど役に立ちません。

知識を「こうしなければならない」という「信念」にまで高めることで、それを「見識」にしていかなければいけないのです。

ただし、それでもまだ不十分だと安岡正篤さんは言います。

さらにその見識を、「何があろうとも、オレは絶対に実行する」という強烈な願望、強い「思い」に裏打ちされた、何事にも動じない「胆識」にまで高めることが必要なのだと説いているのです。

特に、自分がやろうとしていることが、どう見ても不可能と思えるような困難なものであれば、「そんなことができるわけがない」と誰もが言います。

そのような声に惑わされることなく、「いや、それでも私は、何としてもそのことをやりたいのだ」という信念を伴った強烈な「思い」が、先になければなりません。

そのうえで、今度は一生懸命、頭を使って、「では、どうすればやり抜くことができるのか」という具体的な戦略・戦術を練っていくのです。

純粋で美しい心で一直線に思い続ければ、成功しないものはない

「実現できないのではないか」というような疑念を、一切払拭しなければ、思いを実現させることはできません。つまり、「できないのではないか」という疑念を少しでも持ってはならないのです。

多くの人は、「こうしたい」と思っても、「難しい条件がある」などと、すぐに後ろ向きな考えを始めてしまいます。

しかし、「こうありたい」という「思い」には、いささかなりとも曇りがあってはならないと、私は考えています。

特に何か新しいこと、困難なことに取り組むときほど、少しでも「これは難しいな」と思ったら、絶対に事は成就しません。

「どうしてもこれは実現しなければならない」という強烈な「思い」だけを抱き続ける必要があるのです。

たとえば、よく物知り顔の大人が使う、「そう思うけれども、実際には難しい」というような否定的、後退的なニュアンスを含む言葉などは、絶対に口に出してはなりません。そのような疑念が頭をもたげてきたならば、すぐに払拭するように努めることが大切です。

自分の可能性をただひたすらに信じて、単純にその実現を強く思い続けるだけでよいのです。

人間の「思い」というものは、我々の想像を超えた、すさまじいパワーを秘めています。ですから、何も心配することはありません。

まずは一切の疑念を持たず、「何としてもそれを実現したい」という強烈な「思い」を抱くことが何よりも大切です。そうすることで、実際に「思い」は必ず実現していくと私は信じています。

このことを見事に説いている、中村天風《なかむらてんぷう》という思想家の言葉があります。

今から100年ほど前に、インドでヨガの修行をして悟りを開いた後に、日本で銀行経営などに関わり、いろいろな事業をすべて成功させた方です。

その中村天風さんは、次のように「思い」の大切さを説いています。

新しき計画の成就は
只不屈不撓《ふくつふとう》の一心にあり
さらばひたむきに只想え
気高く強く一筋に

少し古めかしい表現かもしれませんが、その意味するところを言いますと、新しい計画を立てて成功させたい、自分が持っている「思い」を実現したいならば、不屈不撓の一心、すなわち「どんなことがあっても決して諦めない心」で、必死の努力をしなければならない。そのように中村天風さんは言っているのです。

他のことは何も考えないで、自分はこうしたいという一点に「思い」を定めて、ひたむきに思い続けなさい。それも気高く強い心、つまり純粋で美しい心で、一直線に思い続けなさい。そうすれば成功しないものはない。

私は若い頃に、この中村天風さんの教えに感銘を受けて、それに従って会社経営を行ってきました。この言葉を自分自身の心に強く持ち、また社員全員にも言い続けてきました。

社員みんながそのような「思い」になって、懸命に頑張ってくれた結果が、私が徒手空拳で創業し、成長発展させてきた今日の京セラであり、またKDDIという会社です。また、私が再建に携わってきた日本航空（JAL）という会社も同じです。

京セラをグローバル企業にまで成長させることができた理由

最後に、この三つの会社経営で、人間の持つ「思い」というものが、いかに大きな力を発揮したかということについて触れていきます。

私は1955年に、鹿児島大学の工学部を卒業しました。鹿児島大学工学部は、当時は伊敷《いしき》にありました。木造で今にも壊れそうな昔の陸軍の兵舎跡です。そして鹿児島大学を卒業した後、京都の老舗メーカーに就職しました。

しかし、入社したその会社は大変貧乏で、つぶれかかっていました。給料が給料日に支給されないような業績の悪い会社でした。

すぐに私は「辞めたい」と思いましたが、どこに行く当てもありません。行くところがないものですから、給料が遅れて出るような会社で、命じられた研究に打ち込むしか選択肢がありませんでした。

ところがその会社の研究室には、十分な機械や器具はありません。はっきり言って粗末な研究施設でした。

しかしながら、そこで私は一生懸命、今まで日本にはなかったファインセラミックスの材料の開発に打ち込みました。

本当なら、そのような難しい研究開発は、私の能力や経験からいって、とても成果を挙げられるものではありません。

それでも、実験室に自分で鍋や釜まで持ち込み、とても質素な食事でしたが、朝、昼、晩と自炊をし、その研究室で寝起きをしながら、新しいファインセラミックス材料を何としても開発しようと、自分の能力以上の目標に向かって懸命に努力をしていきました。

日本には参考になりそうなものがありませんでしたので、アメリカのセラミックス学会の学会誌といったものを取り寄せ、それを読んでアメリカでやっている研究の先端の状況を調べつつ、その先を行くようなことをやってやろうと考え、日々実験に打ち込んでいました。

それは会社が決めたことで、最初は、自分からそうしようと思ったのではありませんでした。

しかし、それを「何としてもやり遂げたい」という自分の「思い」に変え、さらには「自分の研究で、つぶれかかった会社や仲間を救ってあげたい」と、そういう「思い」にまで高めて研究開発に打ち込んでいった結果、日本で初めて、世界でも二番目に新しいファインセラミックス材料の合成に成功したのです。

「何としてもやり遂げたい」という強い「思い」、また「会社や仲間を救ってあげたい」という善き「思い」を持って、研究開発に全力をあげて取り組んだ結果、難しい研究開発に見事に成功することができたのです。

京セラを創業してからも同じように、そうした「思い」を持って次から次へと新しい材料、新しい製品を開発し、また新しい事業をつくりだしていきました。

そうしたことが実現できたのは、社員のために何としてもすばらしい会社にしなければならないという「思い」を持って、一生懸命に取り組んでいったからにほかなりません。

そうすることで、能力では決して優れていなかった私の経営する京セラが、今日では、年間約1兆5000億円の売上を誇るグローバル企業にまで成長することができたわけです。

なぜ経験も知識もない電気通信事業という分野に参入したか

また現在、ａｕというブランドで携帯電話事業を手掛けているＫＤＤＩという会社も、私の純粋な「思い」から生まれた会社です。

今から30年ほど前、私が50歳になってすぐに、電気通信事業の経験も知識もありませんでしたが、当時の電電公社（日本電信電話公社）、つまり現在のNTTという明治以来の巨大企業に挑戦をしました。

当時はNTTが一社独占をしていたために、電気通信料金は非常に高額でした。

それを何とか安くして、国民の通信料金の負担を軽くしたいという強い「思い」で始めたものです。

当時は京セラもまだ小さく、巨大なNTTに挑戦することはまったく無謀だと、世間から思われていました。

しかし私は、国民が払う通信料金をもっと安くしたい、そのために何としてもこの事業を成功させたいと、強い思いを持っていました。

「相手はNTT。4兆円という大きな売上をあげ、明治以来、国のお金で日本中の家庭に電話線を引いた巨大な企業だ。そのような会社を相手に挑戦することは、ドン・キホーテのようなものだ」と考え、大企業を含め、日本の誰もが尻込みをしていました。

それでも私は、「国民のために、何としても通信料金を下げなければならない」という強い「思い」を持って、経験も知識もない新しい仕事に取り組もうと考えたのです。

そのとき私は、自分の考えていることを、「動機善なりや、私心なかりしか」と自分自身に問いました。

つまり、お前の動機は善なのか、そして、私心はないのかということを、半年間くらい自分自身に厳しく問い続けたのです。

もっと詳しく言えば、「お前がNTTに対抗して新しい会社をつくりたいと思っているその動機は、利他の心、優しい思いやりの心から出たものなのか。そこには自分だけが金儲けをしたい、京セラをもっと有名にしたいという私心、自分自身の利己的な考えはないのか」ということを、「動機善なりや、私心なかりしか」という言葉で、自分に厳しく問うたのです。

そして、動機は善であり、決して私心はないということを確信してから、一気呵成《いっきかせい》に電気通信事業へ参入しました。そのように利他の心、つまり善き「思い」を持って一生懸命に努力をすることで、いろいろな人の支援、また協力をいただくことができ、KDDIは順調に発展していきました。

今ではは日本全国で多くの方々がａｕの携帯電話を使ってくださり、ＫＤＤＩは売上5兆円に迫る巨大企業へと成長を遂げています。

電気通信事業の経験も技術も、何もない私の「国民のために通信料金を安くしたい」という「思い」から始まった会社が、このようなすばらしい発展を果たすことができたのは、まさに「思い」の持つ偉大さ、「思いは必ず実現する」ということを証明する事例だと確信しています。

日本航空の再建には、利他の心に基づく三つの意義があった

もう一つ、最近の事例を紹介します。

それは日本航空の再建です。この日本航空も、人の「思い」を変えることで再生できたのだと、私は考えています。

２００９年末、私は政府から、「日本航空が破綻しかけている。再建のために日本航空の会長に就任してほしい」と、強い要請をいただきました。

私は航空業界にはまったくの素人であり、また高齢でもありました。引き受けて良

いものかどうか、大変悩みました。

そして、私はその任ではないと思い、何度も何度も断りました。また、私の友人や知人、そして家族の誰もが大反対でした。「晩節を汚《けが》すのでは」と心配してくれる人も多くいました。

しかし、再三にわたる要請を受け、結局は悩みに悩んだ末に、「世のため人のために役立つことをなすことが、人間として最高の行為である」という私の若い頃からの人生観に照らし、また、後述する三つの理由から、最終的に日本航空再建の要請を引き受けることに決めました。

ただし、年も年でしたので、当初は「フルに勤務することはできないだろう」と思いました。だから、「週に3日ほどの勤務なら何とか」と申し上げました。

京都に自宅があり、妻もそこに住んでいます。引き受けるとなればホテル住まいになってしまいます。そのことも理由になって、「週に3日くらいなら勤務できるだろう」と申し上げたのです。

同時に、「週に3日の勤務ですから、給料は要りません」と申し上げました。つまり無給で、日本航空の会長職をお引き受けしました。

お引き受けするとの返事をしたものの、航空業界にはまったくの素人です。

確かなものは何も持ちあわせていません。

新聞や雑誌でも、「誰がやっても日本航空の再建は難しいのに、メーカー出身の、技術屋上がりの経営者である稲盛が再建しようとしても、決してうまくいかないだろう」と冷ややかに言われていました。

それでも私の信念が揺るがなかったのは、日本航空の再建には、利他の心に基づく三つの意義があると考えたからです。

一つ目は、日本経済の再生のためです。日本航空は日本を代表する企業であるだけでなく、伸び悩む日本経済を象徴する企業でもありました。

その日本航空が、政府の支援を受けても立ち直ることができず、再び破綻してしまえば、日本経済に多大な影響を与えるだけにとどまらず、日本国民までもが自信を失ってしまいかねません。

一方、再建を成功させれば、あの日本航空でさえ再建できたのだから、日本経済が再生できないはずはないと、国民が勇気を奮い起こしてくれるのではないかと思ったのです。

二つ目は、残された日本航空の約3万2000名に上る社員の雇用を、何としても守っていかなければならないということです。

私が政府から請われて日本航空に行ったときには、4万8000名近くいた社員の中から約1万6000名の人に辞めてもらわねばならないという、大変悲惨な状況に陥っていました。それは、会社が倒産し、会社更生法という法律のもとで、弁護士、会計士の方々が集まって決めた再建計画によるものです。

私は、せめて残った3万2000名の社員たちを、何としても救いたいと強く思いました。

三つ目は国民のため、すなわち飛行機を利用する人たちの便宜を図るためです。

もし日本航空が破綻すれば、日本の大手航空会社は全日空（ANA）一社だけになってしまいます。それでは競争原理が働かなくなり、運賃は高止まりをし、サービスも悪化してしまうはずです。これは決して国民のためにはなりません。

健全で公正な競争条件のもと、複数の航空会社が切磋琢磨していくことでこそ、利用者に安価でよりよいサービスが提供できるのです。そのためには日本航空の存在が絶対に必要だと考えたわけです。

日本航空の再建には、このような利他の心に基づいた三つの大きな意義、言い換えれば「大義」があると考え、私は日本航空の会長に就任し、再建に全力を尽くす決意をしました。

私は会長に就任後、この三つの大義を日本航空の社員たちにも理解してもらうように努めていきました。

すると社員たちは、「日本航空の再建は、単に自分たちのためだけのものではなく、立派な大義があるのだ、世のため人のためにもなるのだ」ということを理解してくれました。

そして努力を惜しまず、再建へ向けて協力してくれるようになっていきました。

高齢であるにもかかわらず、誰もが困難と考えていた日本航空の再建を無報酬で引き受け、命をかけて頑張っている私の姿を見た社員たちが感激してくれたということも幸いしたのかもしれません。

当初は週3日くらいの出勤と考えていましたが、日本航空の本社に詰める日が、週に3日から4日、4日から5日と次第に増えていきました。

80歳を前にして、週のほとんどを東京のホテル住まいで過ごし、ときには夜の食事がコンビニエンスストアのおにぎり2個というようなこともありました。

そのような姿勢で懸命に再建に取り組む私の姿を見て、多くの社員が、「本来なら何の関係もない稲盛さんが、あそこまで頑張ってくれている。我々は自分の会社のことなのだから、それ以上に全力を尽くさねばならない」と思ってくれたようです。社員みんなが心を入れ替え、「思い」をかき立て、一生懸命に再建に取り組んだ結果、倒産してわずか2年8ヵ月で、日本航空は株式の再上場を果たし、世界で最も高収益の航空会社に、見事変貌を遂げました。

人間の心、「思い」というものは、これほどすばらしい力を発揮するものなのだと改めて思い知らされました。

京セラもKDDIも日本航空も「思い」があったからこそうまくいった

京セラにしても、KDDIにしても、また日本航空にしても、決してはじめから成功できることが見えていたわけではありません。

いずれも、最初は思いつきにすぎなかった「思い」、何かをやり遂げようという「思い」から始まったものです。

しかし、その「思い」を強く抱き、誰にも負けない努力を続けることで、思いつきにすぎなかった「思い」が、想像をはるかに超えたすばらしい未来をもたらしてくれたのです。

「思い」というものは、そのくらいすばらしく、強いパワーを持っています。

ですから、まずは人間の持つ「思い」は、必ず実現するということを信じてください。「こんなことを思っても、決して実現しないだろう」ということを決して思わないでください。できるだけ高邁《こうまい》な「思い」、崇高な志を持って、その高い目標に向かって必死の努力をしてください。

そうすれば、必ずその「思い」は実現していくはずです。

同時に、それが「世のため人のために尽くす」といった純粋で美しい「思い」であればあるほど、自分の能力を超えて、周囲の人々、さらには自然の力をも得て、実現していく可能性はさらに高まっていきます。

ただし、いくら強く思っても、すぐに実現するわけではありません。

やはり時間がかかります。私は84歳になりましたが、これまで社会に出てから60年以上も、「こうしたい」、「こういう人間になりたい」という強い「思い」を持って、必死に努力を続けてきました。

その結果、現在では、すばらしい人生を送ることができたと思っています。

このように時間はかかりますが、人間誰しも純粋で美しい「思い」を心に強く抱き、一生懸命に努力をしさえすれば、「思いは必ず実現できる」ということは自然の摂理《せつり》であり、この宇宙をつかさどっている法則です。

本書を手に取ってくださった皆さんが、美しい「思い」を心に強く持ち続け、すばらしい人生を送られることを祈念しています。

それは決して一朝一夕に実現できるものではありません。

長い時間がかかりますが、しかし諦めないで、その「思い」を貫いて努力を続けてください。

どうぞ皆さんが、すばらしい人生を歩まれることを祈っています。


*本章は2016年9月30日「第4回稲盛アカデミーシンポジウム」を基に再構成しています。

次代を担う皆さんとの質疑応答①

2016年9月30日に行われた第4回稲盛アカデミーシンポジウムでは、学生たちからの質問タイムが設けられました。

[質問] どうしたら正しく「思う」ことができる?

鹿児島大学医学部のWです。自分がどうありたいか、自分の「思い」ということで質問します。稲盛先生がよくおっしゃっている「考え方×熱意×能力」という人生の方程式でも、考え方はプラスのものでないといけないということですが、やはり、「思う」というのも、正しいもの、人としてあるべきものにしなければいけないのだと思います。では、正しく思うためにはどうしたらいいのでしょうか。

[回答] 利他の心が大きくなるように修養する

正しく思うということはなかなか難しいことだと思いますね。

先ほども申し上げた通り、極端に言いますと、人間の心の中には、利他の心と利己の心という、二つの心があります。

一方では、自分だけよければいいという利己の心、また一方では、社会に対して、また隣人に対して他人に対して、優しく思いやりに満ちた利他の心、この二つがあります。その二つの心が自分の心の中に同居しているわけですから、そういう中でなるべく利他の心が大きな比率を占めるように、自分自身が修養する、修行をするということです。

修行をして人間性を高めていく必要があるということです。つまり、利他の心が大きな比率を占めるように努力して、自分自身を変えていくということが大事です。我々の心の中では、毎日毎日、利他と利己がせめぎ合っているわけです。ですから、利己の心が出てきたときには、私はよく「コラッ」と言って自分自身を怒ります。すると、次第に「またえげつないことを、自分勝手なことを思っている」と言って自分を叱ることが習慣づいてくるのです。

そのようにして、利他の心が自分の心の中を大きく占めるようにしていくということが大事だと思っています。

［質問］団体のリーダーとして、メンバーとどう思いを共有したらいい？

鹿児島大学大学院のＫといいます。今私は、とある団体を率いていて１００人ぐらいの学生をまとめています。

先ほどのお話の中で、「思い」が大事だという話がありました。団体をまとめていくうえでは、その「思い」には個人の差がありまして、たとえば私自身の思いと一緒にやっている仲間の思い、また他の仲間の思い、これらにはすごく差があるような気がしています。

私自身は、自分の思いのままずっと行動し続けているつもりです。しかし、他人と少し違う思いを持っているせいか、なかなか他人にまでその思いが伝わっていきません。どうすればまわりの人にも思いを共有できるのか、お尋ねしたいと思います。

［回答］それが「利他の心」に基づいた思いであれば必ず通じる

あなたが持っているというその思いは、あなたが率いている団体、グループの人たちが持っている思いと若干違うということですね。

あなたが持っているというその思いが、その団体の「みんなのために」という利他の心に基づいたものであれば、私は通じていくと思います。

あなたはその団体をどういうふうに率いていくのか、どういうふうにリードしていくのかという思い。それが、あなたにとって都合のいいことではなくて、その団体全体にとって「それは必要だ」と思う、つまり利他の心に基づいた思いであれば、いずれみんなは共感してくれるだろうと思います。

しかし、それが若干でもあなたのエゴが入ったものであれば、みんなはそれを鋭く嗅ぎわけて、ついてこないでしょう。

やはり特にリーダーの場合には、自分のエゴというものを、つまり自分というものを捨てて、「全体のために」という利他の心に基づいた思いでなければ、まわりの人間はついてこないということです。

［質問］今は自由に生きたい。時間をかけて少しずつ利他を増やせばいい？

鹿児島大学大学院2年のEと申します。稲盛さんが今お話しになったことで、利己と利他の比率が大事ということだったんですが、自分は稲盛さんのように80年以上も生きられる自信が正直なくて、いつ死ぬかわからないと思っています。そう思うと、やっぱり利己の比率が大きくなるというか、自由に生きたいと思うところがあるんです。その気持ちをどうしたらいいのかと思いまして。

つまり、若い人はやっぱり利己の気持ちが強いのは仕方ないのかなと思うんです。そこはもう、長い時間をかけて利他の比率を大きくするしかないということでしょうか。

［回答］年がいったら利他が強くなる、というわけではない

確かにおっしゃるように、若い人は利己の心のほうが強いとは思います。けれども、だからといって、年がいったら利他が強くなってくるというわけではありません。年がいっても欲ボケする人はいくらでもおられるわけで、案外と嫌われる老人も多いわけです。

やはり自分自身で心というものをコントロールして、そういうふうに同居している利己的な心というものを抑えて、利他という優しい思いやりのある心というものが自分の心の中の大半を占めるように努力をしていくことが、非常に大事だと思います。

プライベートでおいしいものが食べたいとか、いいものを着たい、いいものを買いたいというのは普通だと思いますけれども、やはり人生を長く見て、あなたは非常に若いんですから、今からどういうことをしていくべきかと考えたときに、やはり自分自身で、もっともっと世のため人のためになるようなことをしていこうとしないといけないでしょう。

つまり個人にとって都合のいいことというのは非常に必要だとは思うけれども、それよりもっと大きい、世のため人のためになるようなことをしていきたいと、そういう心というものを高く掲げて、努力をしていくべきだろうと思います。

私は大学を出て会社に勤めたわけですが、その会社も先ほど言ったように、つぶれかかった会社でした。入った瞬間から辞めたいと思うぐらい。その会社には5人の大卒が入ったんですけれども、結局、その年の秋口には3人が辞めてしまって、残ったのは私と京都大学の工学部を出た男の2人でした。その人が熊本の人間、私は鹿児島の人間で、2人して「どうしよう。辞めようや。辞めようや」と言い合っていました。

でも当時、どこも行くところがなかったからボロ会社にしか入れなかったわけです。辞めようと思っても行くところがないわけです。2人して、「それなら、自衛隊の幹部候補生の学校でも行こう」といって、2人で会社をサボって受験に行き、その結果2人とも受かりました。ところが戸籍抄本が要るというんで鹿児島へ手紙を出しましたら、なかなか送ってきませんでした。

「やっと入れてもらった会社なのに、どんなボロ会社かもしれないけれども、1年も続かないで辞めていくなんてのは、けしからん」ということで、私の兄が怒って戸籍抄本を送ってくれなかったんです。

そのときに非常に悩みました。辞めるか残るかという人生の岐路です。残ってもボロ会社。辞めてもどうなるかわからないという。

そういうときにですね、「辞めたから良かった」という人もいるでしょうし、「残ったからよかった」という人もいるでしょう。

でも、その後の人生というのは、「辞めたからよかった」でもなくて、「残ったからよかった」でもなくて、その人の心のあり方によって決まるのではないかと思ったんです。ですから、私はその会社に残って一生懸命、不平不満を言わないで努力をしようと思い、非常に粗末な研究室でしたが、研究に没頭することにしました。それが結果的に、ファインセラミックスという新しい材料分野を切り拓いていくきっかけになったんです。

ですから、やはり、そういう「思い」というのは非常に大事だと思いますね。

[質問] ブレる自分、できないと思ってしまう自分をどう変えればいい?

鹿児島大学水産学部のKといいます。来年から私は就職するんですけれども、私がすごく印象的だったのが、初めて就職された企業が非常に危ないというところで、そこを立て直していったということです。

私がすごく引っかかるといいますか、自分自身、変えていかないといけないと思うところがあるのですが、それは「思い」を強烈な「信念」へと変えていくというところです。

思いを信念に変えていくときに、私はまだまだ弱くてブレてしまうんです。本当にできるかどうかとか悩んでしまって……。

私がもし稲盛さんと同じ境遇だとしたら、たとえば来年入った会社がもう危ないとなったときに、おそらく私は利他の心を持って企業を救いたいとか、何か自分にできることを考えてやるとかいうことはせずに、転職すると思うんです。

そのように、ブレてしまったり、できないと思ってしまうことはどうしてもあると思うんですけれども、それを勇気づけるために、稲盛さんがご自身でやられていたこと、何かされていたことがあれば教えていただきたいです。

[回答] 成功した人は、みな脇目もふらず一生懸命打ち込んでいる

今の大変豊かな社会に皆さんは学校を出られて、社会に出るわけですから、私が学生だった頃と比べて、いろんな選択肢があります。ですから、そういう点では若干かわいそうだと私は思います。

私どもの頃には、学校を出ても、就職をしてもなかなか思うところに行けない。また、辞めて他へ移ることを選んだとしても、よいところに行けるわけではなかったので、そこで頑張らざるを得なかった。

そういう意味では非常に悲惨な社会環境だったかもしれませんが、しかしそれはそれで、私にとってはとても幸運だったと思います。もし私みたいに、若干勉強をして、頭も悪くなかった人間で、勝気な人間でしたら、もっと環境がよけれ

ばですね、飛び跳ねていろんなところに行ったかもしれません。

でも社会全体が逆境の中にあったために、そういうやんちゃなことができない状況にあったといいますか、それに打ち込まざるを得なかった。このことは、私にとっては非常によかったような気がします。

だから皆さんの場合には、そういう意味では大変豊かな社会になっていますから、いろんな機会も多いと思いますけれども、できれば、先ほども言いましたように一生懸命、今決まったことを強い信念で、思いを強く持って、それに打ち込んで努力をするといいと思います。

結局、人生で成功された方を見ますと、これは一般の大工さんにしても、エンジニアにしても何にしても、本当に脇目もふらないで、一生懸命やった人がどの社会でもみな成功しています。一生懸命打ち込んでこなかった人で成功した人はおりません。これは学問の世界でも、どんな世界でも一緒だと思います。

[質問] 最初のモチベーションを維持する方法を教えてほしい

法文学部のMと申します。本日は貴重なお話ありがとうございました。私は非常に心が弱い人間で、いろいろ思うことはあって、これを成し遂げたい、あれをやりたいと、最初は熱い気持ちを持って、周囲を巻き込んでやるところまではいくんですけれども、次第にだんだん逃げ道を見つけてしまうというか、最初に持っていた熱い思いがだんだん冷めていってしまうことがあります。

そのときにどうやって、やり遂げるまで最初のモチベーションを持ち続けることができるのか、というところを教えてください。

[回答] 自分でやるのみ。そういう方法というのは教えられるものではない

それは、自分でやらないとしようがないじゃないか(笑)。

今私があなたの近くにいたら、ケツを叩いてですね、「バカか、お前は」と言って叱りますよ。やっぱり自分でやらんかったらいかんでしょうね。あなたがもっと強くならんといかんと思いますよ。

どうやったらもっと強くなれるのかとか、そういうことじゃない。どうやった

らいですかと、あなたが思っている、その心がおかしいわけですね。

自分自身でやらなかったらいけないのです。禅問答のようになってしまいましたが、そういうことです。

第2章
人は何のために生きるのか

サブプライムローン問題に端を発する金融危機について

２００８年10月、アメリカで金融危機が発生していたとき、私はちょうどニューヨークにいまして、日系人とアメリカ人の方々約１０００名の前で話をする機会がありました。

皆さんもご承知だと思いますが、アメリカで金融危機が起こり、世界中の株が大暴落をしました。そのために、京セラの株価も半分以下にまで下がりました。

なぜアメリカで金融危機が起きたのか。

発端となったのはサブプライムローンです。

アメリカの低所得者が住宅を購入するとき、金融機関が住宅購入資金を貸して、住宅を買えるようにしてあげるというものです。

アメリカの連邦住宅抵当公庫（ファニーメイ）、連邦住宅金融抵当金庫（フレディマック）という民営会社が、住宅が持てないような低所得者層に低い金利で住宅購入資金を貸し付けようとして始めました。

ところが、このサブプライムローンは普通の貸し付けとは若干仕組みが違いました。最初の数年間は金利が低く設定されているけれども、それ以降は急激に金利が上がっていきます。アメリカの住宅価格は年々上がっていましたから、銀行からお金を借りて住宅を買っても、後々住宅は値上がりをするので、金利が上がる前に住宅を売買することで返済ができるのです。

そういう目論見で、一定の金利ではなく、一定期間を過ぎると金利が急に上がっていくという仕組みになっていたわけです。

ファニーメイとフレディマックの2社がそのローンを販売していたのですが、当時10年近く上がり続けていたアメリカの住宅価格が、突然の不況で値下がりをし始めました。低所得者層の人たちは、「借金をして住宅を買っても、将来住宅価格が値上がりするのだから、売れば儲かる」と思っていたのに、その思惑が外れてきたわけです。

それだけではなく、お金を借りてから何年も経つと、金利が急に上がります。サブプライムローンの借り手はもともとが低所得者ですから、金利が上がれば返済が難しくなってきます。

当初は自分の家を売って借金を返していこうと思っていたのに、住宅購入資金のローンを組んで住宅を購入したときよりも住宅の値段が下がっている。

売れば借金だけが残ってしまうので、売るに売れなくて困り果て、利子も払えなくなってしまった。そして、彼らにお金を貸し付けていたファニーメイとフレディマックは、大変困ってしまったわけです。

アメリカの社会は大変厳しくて、返済が滞れば担保としていた住宅を没収します。そのために、ニューヨーク周辺も含めて、個人の住宅が次から次へと差し押さえられて空き家になりました。

このことが金融危機の始まりだったのです。

金融危機を起こしたのは「人間の欲望」である

しかし、いったいなぜ、そのような金融危機が起きたのでしょうか。

金融工学という技術を利用して、新しい金融商品をつくりあげて大発展を遂げてきた金融界。この金融界を引っ張ってきたのは、我々人間の欲望です。

自動車をつくったり、京セラのように電子機器をつくったりしていれば、苦労をして一生懸命に働かなければなりません。そうではなく、机の上でパソコンのキーボードを叩くだけで何兆円というお金を動かし、一気にお金を儲けたい。そのような金融業界へと、日本の若者たちもたくさん就職しています。

人類が持つ欲望をエンジンにして、資本主義は今日の発展を遂げていきました。特に金融界の場合はウォール街を中心に、金融工学を扱う人たちの欲望が大変大きな発展をもたらしていったわけですが、私はかねてから、人間が欲望の赴くままにいろんなことをしていけば、取り返しのつかないことにつながっていくのではないかと思っていました。

サブプライムローンを生み出すもととなった規制緩和当時、FRB（連邦準備制度理事会）の議長をしていたアラン・グリーンスパンさんがアメリカの下院委員会の公聴会に出席し、4時間にわたって議員から数多くの質問を受けました。

サブプライムローン問題について、「あなたがFRB議長をしていたとき、金融機関に対する監督がうまくいっていなかったからではないか」と追及され、「金融市場の規制緩和はよいことだと思っていた。自由経済、自由市場に任せればうまくいくのだということをあまりにも信じすぎていた」ということを言っていました。

「本当は規制すべきだった」と、彼は正直に自分の政策の失敗を認めたのです。

また、委員長が「自由で競争的な市場が最善であり、自由市場に任せればよいのだ

という あなたの信念が正しくなかったのではないのか」と問うたときに、その通りだったかもしれないということも言っています。

規制緩和をして、人々が自由に取引を行い、いろいろなものをつくっていろいろなものを売ればよいのだと思っていたけれども、それが間違いであったかもしれないと、彼はその公聴会で認めていました。

欲望のままに突っ走っていくことを許してきたことが、金融危機を招いたわけです。つまり、人間の欲望を原動力として発展してきた現在の金融業界は、そのために破綻をしたのです。

採集から農耕への転換の中で

この人間の「欲望」ということを、人類の歴史から振り返ってみたいと思います。

この地球上に人類が誕生して数百万年が経つのだろうと思いますが、その人類はアフリカで生まれ、アフリカから地球上に広がっていきました。

今から1万年ほど前まで、人類は狩猟採集をして生活をしていました。日本では縄文時代の頃でしょうか。森に入って木の実や果物を採ったり、川や海で魚を獲ったりしていました。人類は狩猟採集によって生存をしていたわけです。

動物、植物など、地球上の生物圏と共生していたのです。

食べ物を拾い集めていた人類は、「それだけでは足りない」と森を切り拓き、牧草を植え、家畜を飼うようになりました。あるいは森林を切り拓き、畑を耕して麦を植える。1万年くらい前から、牧畜農耕を始めるようになったのです。

狩猟採集では気候が悪くなれば、木の実も採れなくなってしまいます。そのときには飢えに苦しまなければなりません。気候変動などに悩まされていた人類は、自分たちで自然を征服し、自分たちの知恵でモノをつくり、自分たちの生活を安定させようとしたわけです。

狩猟採集から牧畜農耕へと変わっていったのが、今から1万年くらい前です。

その後、人類は食料を貯めたりしながら、どんどん発展していきました。人口が増えてくれば耕作地が足りなくなります。そこでさらに森林を切り拓き、次から次へと農耕地や牧草地を拡大し、人類は繁栄を遂げていくわけです。

大量生産、大量消費、大量廃棄という現在の経済システム

そして今から250年ほど前、人類は新しい技術を身につけます。イギリスで起こった蒸気機関の発明に基づく産業革命です。ここから人類は、自然界の他の動植物とはまったく別の生活をし始めます。

他の動植物は自然界に依存し、自然界の中で生きていますが、人類だけは自分の知恵で牧畜農耕をして自分で生きていく、人間圏というものをつくりあげました。そこへ産業革命以降、蒸気機関をはじめとした動力を手に入れたのです。

それまでは牛や馬を使った動力しかなかったのですが、人類は自分たちでエネルギーをつくりだせるようになったわけです。

人類は好奇心と探求心を持っています。そのために、動力を手に入れた人類は「もっと豊かな生活をしたい」、「もっと便利な社会をつくりたい」という欲望のもとで、次から次へと科学技術を発展させ、現在の物質文明をつくりあげます。

これだけ豊かで便利な社会を、わずか300年足らずでつくりあげてきたわけです。

今でも、さらに便利なもの、さらによい生活ができるものをという欲望のもとで、次

から次へと新しい技術を一生懸命に開発しています。

人類が持つ欲望の命ずるままに頭を使って一生懸命に考え、今日の豊かな物質文明社会をつくりあげてきたわけです。

現在の経済システムは、「大量生産」、「大量消費」、「大量廃棄」のもとに成り立っています。経済が発展するためにはたくさんのモノをつくり、たくさんのモノを使い、たくさんのモノを捨てなければならない。普通に考えれば、そんなもったいないことをしてはならないと思うのですが、現在の経済学では、そうすることこそ経済発展のもとになるということになっているわけです。

早稲田大学の吉村作治先生のご案内で、哲学者の梅原猛先生ご夫妻と共にエジプトを訪ねたことがありました。

吉村さんからエジプトの文明をぜひ見てくださいと言われて、妻と一緒に初めてエジプトに行ってきたわけですが、専門の吉村先生が1週間ほど付きっきりで案内してくれましたので、大変勉強になりました。

エジプト文明は今から5000年ほど前から発展を始めたそうです。3000年くらい続いて滅亡し、ピラミッドだけが残ってしまった。ご存じのように、チグリス・

ユーフラテス川を中心に栄えたメソポタミア文明も含めて、世界中のいろいろなところに古代に栄えた文明があります。

しかし、1000年も続いたという文明は少ないと思います。大半が数百年で没落をしていきます。

文明の中には立派な遺跡を残したものもあれば、遺跡が残らなかったどころか砂漠化してしまったところもあります。

特に、チグリス・ユーフラテス川のあたりはすばらしい森林に覆われ、豊かな穀倉地帯であったと言われていますが、今では見る影もない砂漠になっています。自然を征服し、利用するだけ利用してしまった結果、砂漠となってしまい、栄えた文明が滅びてしまったわけです。

近代の物質文明も滅びる可能性がある

人類がつくった文明の跡を見れば、それほど長く続いているものはありません。だとすれば、わずか数百年前、産業革命を契機にして始まった近代の物質文明も、近いうちに滅びる可能性があります。

日本も明治以来150年弱しか経っていません。今(2008年)、大河ドラマで『篤姫』が放映されていますが、あの当時、人々は薩摩から江戸へ歩いて行っていたのです。殿さまが駕籠《かご》に乗って江戸へと行っていたのは、わずか150年ほど前です。それが今、こんなに便利な社会になっています。

この社会がいつまで続くのでしょうか。

欲望のままに人間だけが栄え、人間だけがすばらしい生活を享受している。他の動植物とはまったく別の世界をつくりあげ、他の動植物をいじめ、利用するだけ利用する。自然を痛めつけて、自分たち人類だけがすばらしい生活をしている。

これが現在の地球環境問題なのです。このままでは地球環境は破壊され、地球は取り返しのつかないことになってしまうでしょう。

今から200年ほど前の江戸時代の頃、地球上には10億人ほどしかいませんでした。それが現在、70億人にまで膨れあがっています。おそらく今世紀末には、いや、今世紀末まで待たなくても100億人に達するだろうと言われています。

この100億人がもっと贅沢に生きたいと思い、もっと贅沢な生活をすれば、今よりも膨大なエネルギーが必要になります。もちろん食料も必要です。水も足りなくなるかもしれません。

この地球上のあらゆる自然や動植物を征服して痛めつけ、人類だけが100億人も生き残っていけるのでしょうか。多くの有識者や専門家は、それは不可能だと言っています。

現代の文明は2050年、今から約30年余り後に崩壊するかもしれません。しかし、「この地球が保《も》つわけがない」と警鐘を鳴らしている人は非常に少ないのです。このまま大丈夫だ、だからもっと贅沢な生活をしたいと、世界中の人々が思っているのです。

過去に人類がつくってきた文明も、すべて人間の持つ欲望のままに発展し、そしてその欲望が行き着くところにまで行ったときに崩壊し、残っているのは遺跡だけということになってしまいました。

現代の文明がそのような道を辿る前兆として、現在の金融危機という現象が起こったのです。

人類が今後生き残っていけるのだろうかということを危惧します。欲望の赴くままに技術を開発して、文明を発展させ続けていくとしても、果たしてそれをいつまで続けていくことができるのか、大きな問題であり、人類の課題なのです。

人類は本当に生存していけるのだろうか

ここまでが今回のお話の前置きになるわけですが、今回は皆さんに大命題を提起しているのです。人類は本当に生存していけるのだろうか。まさに現在、その危機的な状況にあるわけです。

今は地球規模の人類史的な問題について語りました。欲望のままに突っ走っていた金融業界が破綻して危機に陥ったという例から始めて、金融業界だけではなく、人類そのものの生存の危機まで迫っているということを話しました。このことを、次は個々人に当てはめて考えてみます。

有名になりたい、お金持ちになりたい、あるいはよい学者になりたいというのは、どれも欲望です。その欲望を原動力にして、皆さんは努力をしていきます。頑張って努力をすれば、誰もが成功します。

私は27歳のときに京セラという会社をつくっていただき、今日まで企業経営をしてきたわけですが、60年前、日本は荒廃していました。第二次世界大戦中、米軍の空襲によって日本中が焼け野が原になりました。特に沖縄では米軍と地上戦を演じたために悲惨な目にあいました。

この鹿児島市内も、当時は家一軒すらありませんでした。伊敷と武岡のほうから見れば、目の前には海と桜島しかなかったことを覚えています。焼けぼっくいになった電信柱が何本か立っている程度で、一面瓦礫《がれき》でした。

それほど荒廃していた日本で、戦争から帰ってきた我々の先輩たちが商売を始めました。スーパーのダイエーをつくった中内㓛さんは、フィリピン戦線で死線をさまよった経験を持っておられます。復員してから大阪で小さなスーパーを始められ、それがあのダイエーとなっていくわけです。戦争から帰ってきた人たちは裸一貫で会社をつくっていきました。

松下電器産業（現パナソニック）にしてもそうです。すでに松下幸之助さんはある程度の成功をしておられましたが、焼け野が原の中から松下電器を再生させました。ソニーは井深大さんと盛田昭夫さんの2人が焼け野が原の中から興した会社です。今の日本にある有名な会社の多くは戦後に始まり、我々の先輩たちが努力をしてつくりあげてきたものなのです。

野放図な欲望をベースにした発展を続けていってよいか

裸一貫で会社をつくり、有名になった方々と私とは、15歳ほどしか違いません。井深さん、盛田さん、中内さんといった有名な経営者の方々と、私はいろいろな会合でよくお会いしていました。どなたも大変な努力をして立派になられたのですが、中には晩年になって人生がうまくいっていない方もおられます。

先ほど人類の歴史と金融界の歴史について話しましたけれども、個々人においても、我々は欲望をエンジンにして努力し、成功をしていきます。しかし、その欲望が過大になっていった結果、それが没落の引き金となる。人類の文明の興亡についても、我々個々人についてもそうなのです。

一生懸命に勉強して成功し、偉くなり、有名になっても、「謙虚さ」を忘れて傲慢になってはなりません。

これからの日本を担っていく若い皆さんに勉強してもらいたいと思っていることは、人は頭が優秀でなければなりませんが、同時に人間性も立派でなければならないということです。

立派な人間は、誠実で、真面目で、謙虚さを知っている。そのようなすばらしい人間性を備えた人間になってもらわなければなりません。

欲望を原動力にすれば、確かに人間は成長し、成功していきます。しかし、その成長や成功を鼻にかけ、さらに欲望を肥大化させていった場合には、個々人は没落していきますし、地球そのものもダメになっていきます。

人類史的に見ても、このまま今の発展を続けていけるのでしょうか。今までのようにエネルギーを消耗して、果たして2050年まで保つだろうかということも言われていますし、人口が100億人を超えれば食料も足りなくなります。民族同士の争いも絶えなくなるでしょうし、自分の国が豊かになりたいと思って争いも起きていくかもしれません。

そうなれば核兵器の問題も出てきます。核兵器が拡散することによって原子爆弾を使った戦争が起こるかもしれません。人類は核戦争によって自滅するかもしれない。今、そのような時代に差しかかろうとしているわけです。

考えなければならないのは、今回の金融危機も含めて、「野放図な欲望をベースにした発展をこのまま続けていってよいものだろうか」ということです。

欲望を抑えるということは、人類の命題

　仏教に「足るを知る」という言葉があります。仏陀が説いた教えの一つですが、もういい加減にしなさい、欲張るのはほどほどにしなさいという意味です。この「足るを知る」ということが、今こそ大事な哲学になるのではないかと思います。

　決して欲張らず、現在あることに感謝し、地球上のあらゆる生物を慈しみ、すべてのものを大事にし、共生していく。そのために、ただ「足るを知る」ということが、今こそ要るのではないかと思います。

　飽くなき欲望のままに人類が突っ走っていったのでは、一時はその欲望が原動力となって発展をしていきますけれども、必ず没落します。これは個人、国、人類、すべてに言えることなのです。

「欲望を抑える」ということは、人類の命題です。それにもかかわらず、このことを大学でもあまり教えませんし、誰も問題にすらしません。

　お釈迦さまは今から2500年前、インドで仏教というものを始められたのですが、時を同じくして中国では孔子が現れ、また時代が下って西のほうでキリストやモハメ

ッドが、人類の道を説きました。このままでは人類は滅亡するかもしれないと考えた4人の聖人が人類の往くべき道を諭したのですが、今日に至るまで人類はその教えを全うしていません。

お釈迦さまは、欲望のままに生きる人類は必ず破滅をする、だから欲望を捨てなければならないのだとして、悟りを開こうとされました。ヨガに近いような修行をして、瞑想という方法で悟りを開く。悟りを開くことによって、欲に囚われた状態から脱却する「解脱《げだつ》」を、お釈迦さまは人類に説かれたわけです。しかし、2500年が経った現在でも、「欲望を抑える」という人類の命題を誰も解決できていません。もちろん一部には、ヨガをしたり瞑想をしたりして、ある程度の悟りを開いた方々はいらっしゃいますが、約70億人の人類の中で何十人かが解脱をしてみたところでどうにもなりません。

同居する利己の心と利他の心

人間が欲望というものから逃れられないのは、我々人間の心に原因があるからです。人間の心の中には欲望に根ざしたものがあります。

お釈迦さまはそれを「煩悩《ぼんのう》」とおっしゃっています。「本能」と言い換えてもよいのですが、これは自分だけよければいいという利己の心です。

そしてもう一つ、博愛と優しい思いやりに満ちた利他の心というものも我々の心の中にあります。利他と利己、この二つが心の中に同居しているわけです。

京都大学は類人猿の研究で世界的に有名な大学ですが、アフリカのコンゴでチンパンジーの研究をしていらっしゃる現役の京都大学の先生と懇談をする機会がありました。その先生から、大変驚くことをお聞きしたことがあります。

人間に一番近いチンパンジーの世界でも、食べ物を友だちと分け合いながら食べるということはしないのだそうです。母親が自分の子どもに母乳や食べ物を与えることはありますが、大人になった仲間、兄弟、親子といえども分け合いながら食事をすることはない。チンパンジーに限らず、どの動物もそのようなことはしないそうです。

ところが人類は、家族で食事を摂ります。また、何かよいことがあれば、親戚も呼んで一緒に食事をします。おいしいものがあれば分けてあげようという心は、人類に最も近いチンパンジーたちにもない。

つまり、人類だけがそのような慈しみ、愛するという心を持っているのです。食事をするという一場面を垣間見ただけでも、自然界が人間の中にすばらしい心を与えてくれたことがわかります。

動物は煩悩だけで動きます。自分の食べ物を誰かに分け与えることはしませんし、食事中に仲間が近寄ってくれば怒ります。犬でも猫でもそうです。他に食べさせていたのでは生き残っていくことができません。肉体を持っている自分を守り、生きていくために自然界が与えたものが煩悩なのです。

一方で自然界は、人類にだけ利他の心というものを同時に与えました。慈しみ、愛する心を与えてくれたのです。利己と利他という二つの心が、我々の心の中に同居しているのです。

心に思った通りになる

皆さんは必ず物事を考えて実行に移します。考えや思いを抱き、それを実行してきたことを積分したものが今後の人生となっていきます。

たとえば、稲盛和夫という男は生まれてから今日まで80年近く、その間に自分が思ったことしか実行してきませんでした。自分が思わなかったことは何もしませんでした。

ですから、「あなたの現在の環境や状態は、すべてあなたの心の反映だ」と言えるわけです。心で思ったことをしてきたのが現在ですから、今の状態については誰にも文句が言えない。全部、あなたが心に思った通りのことが起きているのです。思ったことを必ず実行してきたことの累積が今日をつくっている。思ったことを必ず実行するのが人間で、その結果が現在をつくっているわけです。

科学技術の発展にしても、欲望を土台にして「もっと便利なものを」と思ったことから始まっているのです。空を飛べないだろうかと思い、そこから頭を使い、知恵を出し、次から次へと研究して飛行機というものができあがった。「空を飛びたい」という思いが動機で、その動機は「もっと便利になりたい」という欲望に根ざしている。そのようにして、今日におけるすべてのものができたわけです。

損か得かではなく、善悪で考えて判断する

皆さんは、どのような思いを描くのでしょうか。放っておけば、全部欲望に根ざしたところから思いが湧いてきます。自分に都合がいいのか悪いのか、損か得かということから思いが生まれてくるわけです。

立派な大学の先生にしても何にしても、ひと皮むけば、みんな自分に都合がいいの

か悪いのかということだけで判断をする。「思い」が出てくるもとが欲望になっているから、損得勘定をしてしまうわけです。欲望に基づいて努力をすれば、たとえ一時的に成功したとしても、その末路は必ず没落をしていきます。

心の中にある利他の心で物事を考えるようにしなければなりません。判断をするときに、損か得かという判断基準で物事を考えるのではなくて、善悪で考える。たとえば、これは人類にとって、みんなにとってよいことなのか、悪いことなのかという善悪で判断をするのです。

先ほども言いましたが、人間の心には、利他の心と利己の心という二つの心があります。利他の心とは善です。利己の心とは悪です。自分にとって損か得かではなく、人間にとってよいことなのか、悪いことなのかという視点で考えていくことが大事なのです。

悟りを開くとか解脱をするというところまではいきませんが、少なくとも邪なもの、自分だけよければいいという利己的な自分の心を抑えていく。そのようにしないと、誰もが損得勘定で物事を判断してしまいます。ですから、常に利己的な自分というものを抑えるようにしていかなければならないのです。

利己的なものが出てきたら、良心を働かせてモグラ叩きのように叩く

地球上に現れた聖人たちが人類に説いたことは、瞑想などの修行によって悟りを開き、解脱をするという難しいものでした。

現代に生きる我々はその時代とは違い、食事もせずにずっと瞑想をしていることなどできません。働かなければなりませんから、そのようなヒマはないわけです。では、利己の心が出ないようにして、利他の心が常に心の多くを占めるようにするには、どうすればよいのでしょうか。

今、アメリカではヨガが大変流行《はや》っています。インドに端を発し、お釈迦さまも勉強されたヨガ。スピリチュアルなものを求めて多くの人が勉強をしているわけですが、私にはそのようなことをする時間がなかなかありません。

そこで、自分だけよければいいという邪な心をなくすために、仏陀がおっしゃった「足るを知る」ことを心がけていけばいいのです。

「そこまで欲の皮の突っ張ったようなことをするのではなく、もうその辺でよいではないか」と言って、「オレがオレが」という利己的なものが出てきたときには、それをモグラ叩きのように叩いていく。自分の良心を働かせて、利己的なものが出てきたときに叩くのです。

心の中には悪い利己とよい利他の二つが住んでいます。どちらかが少なくなれば、たとえば利己のほうが少なくなれば、その分だけ利他が心の中を大きく占めるようになります。

心の容量は一定です。

利己が多くを占めるのか、利他が多くを占めるのか。一生懸命利己を抑えていけば、だんだんとよい判断ができるようになるだろうと思います。

思いやりの心を強く持つことの重要さに気づかなければいけない

利己的な自分の心を抑えて、優しい思いやりに満ちた利他的な心が多くを占めるようになったとき、周りは「あの人は人柄がよくなった」と言うのです。または「あの人は人格者だ」と言うのです。

人格を磨く、人間を磨くということは、利他の心がその人の心の中を大きく占めている状態になることを言います。

聖人君子といえども、まったく欲のない人はいません。生きていくために必要なものとして、自然界は我々にも欲を与えました。

ですから、聖人君子のようになる必要はありませんが、優しい思いやりの心を少しでも多く持とうと努力することが重要です。

多くの人類がそのことに気づかなければ、現代文明はおそらくは半世紀も保たないでしょう。

私は、稲盛財団の中に研究グループをつくり、なるべく早く人類に向かって警鐘を鳴らす行動を始めようと考えています。

このままでは手遅れになるという危機感から、考古学者や天文学者など、日本中からいろいろな専門の学者を集めて研究を始めています。

以前、ローマクラブというところが人類に警鐘を鳴らしました。ローマクラブは今でも精力的に地球規模の問題を研究していますが、日本でもそのような研究を始めて、なるべく早く警鐘を鳴らしたいと思って勉強会を始めたわけです。

＊本章は２００８年10月29日に行われた鹿児島大学工学部稲盛学生賞・授賞式での特別講義を基に再構成しています。

次代を担う皆さんとの質疑応答②

２００８年10月29日に行われた、鹿児島大学工学部稲盛学生賞の授賞式における特別講義のときにも、会場に来ていた学生たちから質問が投げかけられました。

［質問］家族や会社のために稼がなければならないときに、「足るを知る」には？

今回は欲望というものを中心にお話をいただいたのですけれども、その中で今回の金融危機のもともとの原因というのが、欲望によって引っ張られたとおっしゃいました。その欲望の中には「家族のためにお金を稼ぎたい」ですとか、「会社のためにお金を稼ぎたい」という理由がある人ももちろんいたと思います。また低所得でお金を借りた方でも、自分たちの家族を守るために自分たちの家を建てたいと思う方が、もちろんいたと思うのです。

そのような「家族や会社を守るために」という思いは、たぶん「利他」なのかなとも思うのですが、そのためにもっともっとお金を稼ぎたいと思うときに、果たしてどこで「足るを知る」と判断できるのか、というのを疑問に思いました。

[回答] 欲望が過剰であったかどうかは、結果が出てからわかること

あなたはとても的確なところを突かれました。

まさに「足るを知る」ということは個々人によってまったく違うわけです。今、おっしゃったように、金融界においても「家族を守る」「会社を守る」ために欲を働かす。それはもちろん利他に近いわけです。利己というものは、他者を巻き込んでいくと利他に変わっていくわけです。

ですから、国家のため、社会のためとなってくると、それは利己ではあっても、実際には利他になっていくということです。

では、そのような善意の利己で始まった場合、どの時点で「足るを知る」のか。例に挙げた金融危機が起こった原因は、飽くなき欲望をさらに膨らませていったことです。デリバティブというとんでもない金融派生商品までつくりあげ、「大丈夫なのです」と言って世界中に何百兆も売りまくっていった、そのことが問題であるわけです。

人によってどのあたりで過剰なのか、どのあたりで「足るを知る」とするのかという問題がありますが、それは結果から見て、現在起こっていることが過剰で

あったとするしかないということです。

おっしゃったように、「足るを知る」というのは非常に主観的なものですから、人によって、たとえばある小さなレストランを経営して、レストランが成功して家族が何とか食べていけるようになったとします。

それで、これ以上は「もう私はいいわ」というので、足るを知って、あとは余裕ができれば、ボランティアでお手伝いをしたり、儲かったお金を寄付をして社会に貢献していきたいという人もいます。

あるいは、「いや、この1店舗のレストランじゃまだまだ足りないから、あと3店舗くらいまでつくってやってみよう」と、「3店舗までしたから、まあこれで足るを知ろう」という人もいるでしょうし、「いや、100店舗でチェーンをつくって、もっと大きなものにしていきたい」という人もいるでしょう。「足るを知る」というのはそれほど主観的なものなのです。

ですから、「足るを知る」というのは、欲望が過剰であったかどうかというのは、実は結果が出てからなのです。それがダメになってからなのです。

「やはりあの辺で足るを知ればよかったな」と気づくのは、すべては後の祭りなのです。だから早くそれに気がついて、「まだいけるかもしれない」と思うくらいでやめておいたほうがいいでしょう。

［質問］顔も見たことがない人の幸せを自分の幸せにできる？

今は物質文明が豊かになって、何のために生きるのかを考えなくても、とりあえずは生きていける時代なのですが、何のために生きているのかを考えて行動すれば人類の発展や存続ということが見えてきます。

それで自分の良心は人類の存続を考えなければいけないと思うのですが、ここでふと、自分の利己の心かもしれませんが、どうして顔も姿も見たことのないような未来の人間や、出会ったこともない人の幸せまで考えなければいけないのかなと、思ったりもするわけです。

そうしたときに、未来の人間というか、自分が出会ったことのない人間の幸せと、今を生きている自分の幸せというものを一緒に考える鍵というか、利他と利己をつなぐ懸け橋というか、そういうものを稲盛先生はどうお考えになるのか、お尋ねしたいと思います。

［回答］利他で感じる幸福感はさわやかできれいですばらしいもの

なかなかすばらしい質問です。そしてまた難しい質問です。

なぜ見たこともない人たちの幸せも願わなければならないかという疑問です。ちょっとうまく表現できませんが、幸せの感じ方には二つの種類があります。

一つは、極端に言いますと、たとえば非常においしいものを頂戴して食べたときに「おいしい」と感動するというものですが、それは欲望を満たしたときに起こる感動です。

もう一つは、利他の心が発動したときの感動です。

今、うまく表現ができませんが、たとえば乗り物に乗ったときに体の不自由な方、または老人の方が前に来られたから、さっと立ち上がって「どうぞ」と言って席を譲ったとします。そのときにその老人の方が非常に喜んで感謝をされ、「どうもありがとうね」と言って座られる。

そのときに受ける、えも言われないこちらのいい気持ち、それはおいしいものを頂戴したときに感動する喜びとは若干質が違い、さわやかで何とも言えない幸福を感じる喜びなのです。

つまり、利他で感じる幸福感と利己で感じる幸福感というのは、若干味が違うということです。利他の幸福感というものを感じる癖をつけていきますと、それは欲が満足するときの幸福感とは比べものにならないぐらいさわやかで、きれいで、すばらしい気持ちになっていきますから、自然と利他をやっていこうという気持ちになっていくような気がしますけれども、どうでしょうか。

第3章
自分の道を切り拓くための六つの精進

すばらしい実りある人生を得るために

これから、私がかねてから考えている「六つの精進」について紹介します。大変堅苦しい話だと思いますが、しかしこういう堅苦しいことを守っていくということが、実はすばらしい人生を生きていくもとです。

今どきこういうことを教えてくれる人はいないと思いますが、人生は面白おかしく、ただ楽しく過ごして、うまくいくわけではありません。

人並み以上の技術開発、研究開発を行いたい、また人生を全うしていきたいと思うなら、こういうストイックなまでの真面目な生き方をしていくことが大事だと思います。

1　誰にも負けない努力をする
2　謙虚にして驕らず
3　反省のある毎日を送る
4　生きていることに感謝する

5　善行、利他行を積む

6　感性的な悩みをしない

これから詳しく説明するこの「六つの精進」を、私は湯飲みに書いて焼き物にしました。それで朝晩お茶を飲んでいます。そうして、意識的に毎日一項目ずつ見るようにして、身につけるようにしてきました。

皆さんも実践する気持ちがあったら、「六つの精進」というものを一覧にまとめて自分の手帳に表にして貼っておいて、いつでも気をつけて見られるようにしたら、すばらしい実りある人生が得られるのではないかと思います。

1　誰にも負けない努力をする

この「六つの精進」の最初に来ますのが、「誰にも負けない努力をする」ということです。

仕事をしていく中で、また研究する中で一番大事なことは、「誰にも負けない努力をする」ということです。言葉を換えれば毎日一生懸命に働くということが、仕事をするうえで、また研究するうえで最も大事なことだと私は思っています。

また同時に、幸せな人生、すばらしい人生を生きるためにも、毎日真剣に働くということが大事だと私は思っています。

この一生懸命働くということを除いて、仕事の成功も人生の成功もあり得ないと私は思っています。一生懸命働くということを忌み嫌い、少しでも楽をしようと思うならば、仕事の成功はもちろんのこと、すばらしい人生も得ることができないと私は思っています。

極端に言えば、一生懸命に働きさえすれば仕事は順調にいきますし、どんな不況が来ようともどんな時代になろうとも、一生懸命に働きさえすれば十分にそれらの苦難を乗り切っていけるはずです。

一般には仕事には戦略、戦術が大事だと言われていますが、一生懸命働くということ以外に成功する道はないと思っています。

今は一生懸命働かなくても、何とか食べていけるし、豊かな生活ができる時代です。私が学生の頃は本当に貧しい時代でしたし、また私の家族もみな貧しかったものですから、一生懸命働かざるを得なかったわけですけれども、今の皆さんの生活環境からいくと、決して一生懸命働かなくても何とか食べていけるし人並みのことができる。それだけに、一生懸命に働くということが、どうしてもないがしろになっていくのではないかと思っています。

一般に学校を卒業して社会に出て、新しい会社に就職した場合に、それは自分が希望した職種ではなかった、また自分の希望した研究ではなかったといって不平不満を言う人が大半です。

自分の好きな研究、自分の好きな技術開発、自分の好きな会社、自分の好きな仕事に就ける人というのは非常に少ないはずです。つまり世の中で立派な仕事をした人は、自分が好きでもない、たまたまそういう仕事に当たり、その仕事を好きになる努力をした人です。まず一生懸命働くためには、自分が与えられた今の仕事、今の研究を好きになる努力をすべきだと思います。

なんであんな仕事を、あんな面白くもなさそうな研究を、一生懸命来る日も来る日も飽きないで頑張るのだろうと、傍《はた》からは思われるかもしれない。

しかし、本人が好きだったら面白くて仕方がないはずですから、周囲からどう思われても気になりません。

だからこそ、まず好きになることが大事だと私は思いました。仕事を好きになるということは、仕事に惚れるということだと自分に言い聞かせました。子どもの頃、大人の人たちが「惚れて通えば千里も一里」という言葉を言っていました。つまり、好きな人に会いに行こうと思えば、千里の道も一里ぐらいにしか思えないという例えです。

何回も言いますが、この一生懸命働くということを除いて、私は人生の成功はあり得ないと思っています。人生というのはよくできていて、努力をした分だけ神様はごほうびを与えてくれます。研究開発でも技術開発でも会社経営でもすべて、努力をした分量に比例して成功というものをもたらしてくれます。信じられないかもしれませんが、ぜひ仕事に打ち込んで努力をしていただきたいと思います。

2　謙虚にして驕らず

二番目が「謙虚にして驕らず」です。謙虚であるということは、人間の人格を形成する資質の中で最も大切なものではないかと思います。

一生懸命苦労して努力してきた結果、魂が磨かれて人間性が向上していきますと、とりもなおさず謙虚な人間性というものが身についてきます。

この謙虚という資質は、大変大事だと思っています。

特に我々は技術屋ですから、皆さんも研究開発、技術開発の分野で、今後仕事をされると思いますが、一生懸命努力をして成功していきますと、当然周囲からちやほやされます。今日も表彰を受けられた方がいますが、ややもすると驕り高ぶっていきます。知らないうちに「自分は偉い」と思うのです。

ですから偉くなった方に会うと、謙虚な方というのは大変に少ないです。だいたいがみな傲慢になっていきます。

その結果、仕事の面でも事業の面でも、没落していかれる事例はよくあります。戦後の経済界を見てみても、若い頃一生懸命に、必死に努力をされてすばらしい大会社をつくったにもかかわらず、晩年偉くなりすぎて周囲の人がちやほやし、みなが褒めそやし、また財産ができ、名誉を得るにしたがって傲慢になって、没落していかれた方々が、本当にすべてと言っていいぐらいです。

成功する前から謙虚であるということが大切です。すばらしい人柄、奥ゆかしい人柄というものは、みな謙虚さを持った人のことです。

中国の古典に「謙のみ福を受く」という一節があります。「謙虚な人でなければ、自然から、神様から福は受けられない」という意味です。

まさにその通りで、私はそういうことを特に心に刻んで、謙虚であって決して驕り高ぶるような人間にはならぬと、自分に厳しく言ってきました。謙虚な立ち居振る舞い、謙虚な態度というものは、生きていくうえで大変大切な資質です。

ぜひ皆さんも、成功するしないにかかわらず、「なんとすばらしい人柄よ、人間性よ」と言われるような、謙虚なすばらしい人間性を身につけていただきたいと思います。

3　反省のある毎日を送る

三番目が、「反省のある毎日を送る」ということとです。

私は自分自身で、仕事を終えて寝る前にその日一日を振り返って反省するということが、大変大切だと思っています。

たとえば、今日は人に不愉快な思いをさせなかっただろうか。不親切ではなかっただろうか。傲慢ではなかっただろうか。卑怯な振る舞いはなかっただろうか。利己的な、私だけがよければいいというような言動はなかっただろうかと、一日を振り返り、人間として正しいことを行ったかどうかということを確認する作業が必要だということを、私は思ってきました。

自分の行動や発言に、もし反省することが少しでもあれば、改めていかなければなりませんし、そのような反省のある毎日を送ることで、人格、また魂も磨かれていくと思っています。

同時に、すばらしい人生を送るためにも、日々の反省というものは必須条件だと思っています。

先ほどから何度も言っているように、一生懸命に「誰にも負けない努力をする」と同時に、「反省する」ということを毎日繰り返していけば、魂は純化され、浄化され、美しい魂へ、また善き魂へ変わっていくと私は信じています。

私も若い頃には、ときには傲慢になることがありました。ですから、日課のようにして反省を繰り返してきました。もちろん、毎日反省ができていたわけではありません。気がついたときに反省するということを繰り返していました。

だいぶ年齢を重ねてからのことですが、ある本に出合いました。20世紀初頭に活躍をしたイギリスの哲学者でジェームズ・アレンという人が書いた『「原因」と「結果」の法則』という本を読み、「反省するということは、自分の心の庭を耕し、整理することになる」と理解しました。

人間の心の中には、善き美しい心と、卑しい、自分だけよければいいという邪な心との二つが同居しているわけです。

ジェームズ・アレンの言葉については、ほかでも触れました。ここでは、別の言葉を紹介したいと思います。

正しい思いを選んでめぐらしつづけることで、私たちは気高い、崇高な人間へと上昇することができます。と同時に、誤った思いを選んでめぐらしつづけることで、獣のような人間へと落下することもできるのです。
心の中に蒔かれた（あるいは、そこに落下して根づくことを許された）思いという種のすべてが、それ自身と同種類のものを生み出します。それは遅かれ早かれ、行いとして花開き、やがては環境という実を結ぶことになります。
良い思いは良い実を結び、悪い思いは悪い実を結びます。

つまり、心を手入れして、正しくて美しくすばらしい思いというものを自分の心の中に育み続けていけば、私たちは気高く崇高で立派な人間へと上昇することもできますが、同時に誤った思いを選んでめぐらし続けることで、獣のような人間へと落下することもできるのです。

世の中で、あれは人間のすることだろうかと思うような凶悪な犯罪が、また親が子を殺し、子が親を殺すようなすさまじいことが起こっています。

同じ人間がそういうことをやっていますが、それは正しい気高い美しい自分の心を育てず、邪な誤った思いを自分の心の中に育てていったがために、獣のような人間へと変わっていったと、ジェームズ・アレンは表現しているわけです。

ですから我々は、自分の心という庭の雑草を抜き、自分が望む美しい草花の種を蒔き、丹念に水をやり、肥料をやって管理していかなければならない、とジェームズ・アレンは説いているわけです。

まさにそれが「反省のある毎日を送る」ということです。反省することによって自分の心を磨いていく。邪な心を取り除き、美しい、善き思いを心に育てていくということ、そのことが我々を幸せな人生へと導いていく、すばらしい人生をつくっていくことになると思っています。

自分の邪な心、悪い心を一般には「自我」と言います。この自我を抑えて、自分が持っているよい心を心の中に芽生えさせていく作業が反省することだと何回も言っていますが、よい心というのは、「真我」といいます。

真我というのは、心の一番奥のところにあるものです。それは「人によかれかし」と尽くす「利他の心」です。

人間の心の中の一番奥底には、誰しもみな真我というものを持っています。真我というものを引き出して見てみると、すばらしい利他の心、慈しみの心に満ちています。優しい思いやりの心というものが真我の本質です。

そういうものをみな持っていますが、それは心の奥底に隠れてしまって、表面には悪い邪な心、人を蹴落としてでも騙してでも自分だけよければいいという利己的な自我というものが上に被さっています。

ですから、これを取り除いてその下の輝くようなすばらしい利他の心、真我というものを露出させなければならない、と私は思っています。

人間にはそういう二つの心というものがあり、真我というものが本当に芽を出すようにするために、一方の利己的な自我というものを取り除いていく作業が要ると、ジェームズ・アレンは言ったわけです。

4　生きていることに感謝する

四番目は、「生きていることに感謝する」です。この感謝をするということは、私は人生の中で大変大事なことだと思っています。

人間は決して自分一人では生きていけません。空気も水も食料も、また家族や職場の同僚たちも従業員たちも、さらにはこの住んでいる社会など、人は自分を取り巻くあらゆるものに支えられて生きています。いや、「生きている」というよりは、「生かされている」と表現したほうが正しいのかもしれません。

そういうふうに考えた場合、健康で生きているのであれば、そこには自然と感謝の心が出てこなければなりません。

感謝の心が生まれてくれば、人生に対する幸せを感じられるようになってくるはずです。生きていること、いや、生かされていることに感謝し、幸せを感じる心によって、人生をさらに豊かで潤いのあるすばらしいものに変えていくことができると、私は信じています。

不平不満を持って生きるのではなく、現状あるがままをあるがままに感謝し、さらなる向上を目指して一生懸命に努力をする。

そのためにもまず、生かされていることを神に感謝し、自分を取り巻くすべてのものに「ありがとうございます」と感謝する毎日を送るべきだと思っています。

しかし、感謝の心を持てと言われても、なかなか持てるものではありません。実は私も若い頃はそういうことに対して反感を持ち、反抗をしていました。

しかし、私は嘘でもいいから、「ありがとうございます」と感謝することが大切だと自分に言い聞かせて、今日までやってきました。自分で「ありがたいことだ」、「ありがとうございます」と口に出して言えば、それは自然に習慣づいていきます。

つまり感謝の念を口に出せば、それを聞いた自分自身もそういう気持ちになっていきますし、また同時に周囲の人々もよい気持ちになっていきますし、穏やかで楽しい雰囲気がつくりだされていきます。

逆に不平不満の鬱積《うっせき》したとげとげしい雰囲気は、自分を含めた周囲の人々にも不幸をもたらしていくと思います。

この「ありがとうございます」という言葉は、すばらしい雰囲気をその周囲につくっていきます。

皆さんも経験されたことがあると思いますが、たとえば乗り物の中でご老人に席を譲ってあげると、そのご老人が腰をかがめて「ありがとうございます」と言われる。

そのときに席を譲ったこちらのほうも心地よい気持ちがしますし、その様子を見ていた周囲の人たちもさわやかな気持ちになるはずです。

善意は周囲にも伝わっていきますし、善意は循環をしていきます。そういうことが次から次へと起きていけば、社会はさらにすばらしいものになっていくのではなかろうかと思います。

ただ生きていることに対してすら「ありがとうございます」と感謝をする。そういう言葉のほかに、日本では「もったいのうございます」という言葉もあります。

それは、謙譲の美徳でへりくだり、自分のごとき者がこのような幸運にあずかることなど、このような処遇を受けるなどもったいないという意味でよく使いますが、これも「ありがとうございます」という言葉と同じように感謝を表している言葉です。

また、もう最近では使わないと思いますが、昔は「かたじけない」という言葉もありました。昔は武士階級の人たちが「かたじけのうござる」という表現をしていますが、この「かたじけない」という表現も「ありがとう」という言葉の変わった表現です。

このどんな些細なことに対しても感謝をする心というものは、すべてに優先する大切なことです。

「ありがとうございます」、「もったいのうございます」、「かたじけのうございます」という言葉は大きな力を持っています。これらの言葉は自分自身の気持ちをよりすばらしい境地へと導いてくれると同時に、それを聞いた方々も含めて、周囲の人々をも優しいよい気持ちにする万能薬です。これはすばらしい力を持ち、自分自身にも大変幸せな人生をもたらしてくれるもとだと思います。

ですから、「ありがとうございます」という言葉は日常茶飯、自然に使うように身につけていくべきだと私は思っています。

5　善行、利他行を積む

五番目は、「善行、利他行を積む」ということです。

先ほども言いましたが、人間として善きことを実行する。これはまさに他を利するという利他行を積むということです。

中国の古典にも「積善の家に余慶あり」という言葉があります。つまり善きことを積んだ家にはいろんな慶事がある。善行を、利他行を積んだ家には善き報いがあるという意味です。

先祖が善行、利他行を積んだ家には子々孫々に至るまで幸運がもたらされると、中国の方々は信じているのです。

私は以前からこの世の中には、因果応報の法則があるということを信じて、それを人にも話をしてきました。

若い頃、東洋思想家で陽明学の研究者でも知られる安岡正篤さんの『運命と立命』という本を読んで、いたく感銘を受けました。

その中では、この世の中には因果応報の法則があると書いてありました。人間として善き行いを重ねていけば、その人の人生には善い報いがあるということを述べられています。

そのように利他行を積むこと、つまり親切な思いやりの心、慈悲の心で人に優しく接することは、大変大切なことだということを言っておられます。

安岡正篤さんはその『運命と立命』という本の中で、次のような趣旨のことを説いています。

　人には運命というものがあります。
　人は運命にしたがって生きていきますが、

その生きていく中でいろんなことを思い、いろんなことを実行します。
善きことを思い善きことを実行するのか、
悪しきことを思い悪しきことを実行するのか、
それによって運命というのは変わっていくのです。
運命というものは変えられないものではありません。

運命に従って生きていきますけれども、その生きていく中で、実は因果応報の法則というものがあります。それはいいことを思い、いいことを実行すれば運命はいい方向へ変わっていくし、悪いことを思い悪いことを実行すれば運命は悪い方向へ変わっていくのだと、そのように安岡さんはこの『運命と立命』の中で説いているのです。我々が善きことを実行する、つまり人様に親切にいいことをしてあげるということは、大変大事なことだと私は思っています。ただし、そこには若干注釈が要ると思います。

日本でも昔から「情けは人のためならず」と言われています。他人のために行った善きことは、必ずその当人にも還ってくる。情けをかけたけれども、それは人のためではなしに自分のためになるのだということを表した言葉です。

しかし、人に対して親切にすることによって逆に自分が大変な目にあう、被害を受けるという例もよくあります。

友人が大変苦しい状況になって、たとえば借金の連帯保証人になってほしいと助けを求めてきて、これはやはり友人のために善きことをしてあげようと思って連帯保証人になったがために、大変な目にあって自分の財産をすべて失ってしまったというような人もおられます。

このようなことを考えれば、人に善きことをしてあげるのでも二つあると思っています。

一つは小善、もう一つは大善です。

小善というのは、友人が困ってお金を借りるためにどうしても連帯保証人が要ると言ってきたときに、かわいそうだからと連帯保証人になってあげることです。

その友人が連帯保証人を求めてきたときに、なぜそんな大きな金が要るのかということをいろいろ聞いてみると、実はその友人が杜撰《ずさん》な会社経営をし、いい加減な生活態度でやってきたがためにそういう事態になった。連帯保証人になることによってかえってその友人を悪い方向に導いてしまう。

そういう場合には、毅然として「いいや、大変苦しい立場かもしれないが、連帯保証人になってあげることは決して君のためにならないと思うんだ」と言って、厳しく断る。それは薄情だと思われるかもしれませんが、これが大善なのです。善きことでも大善というのは「非情」に似ています。

「いいわ、いいわ」というので連帯保証人になってあげるということは小善であり、それは相手の人もダメにしてしまうし、また翻って自分自身も財産を失うということになっていきます。

私はこの善行を積む、利他行を積む、人に親切に良くしてあげるというときには、この小善と大善ということを考えなくてはならないと思っていまして、今までもそれを実行してきました。

たとえば自分の子どもが大変かわいいし、親の愛情として子どもを本当に甘やかして「いいわ、いいわ」で育てていく。そのためにその子どもは、大人になって社会性が身につかず、人生もうまく渡っていけなくなってしまう。

子どもかわいさに溺愛したこと、子どもに対して美しい善行を積んであげたつもりだったのが、実は小善だった。

小善をなしたためにその子が立派な大人になれなかった、つまり結果として大きな悪をなしたのです。「小善は大悪に似たり」と言われるゆえんです。

自分の子どもを「いいわ、いいわ」で甘やかして育てるのではなく、厳しく教えしつけていく。「かわいい子には旅をさせよ」ということわざが昔からあります。

かわいければかわいいだけに、苦労をするような旅をさせて、子どもに人生の厳しさを教えることが大切です。「いたいけな子どもを旅に出していくという、なんと非情な親よ。なんとかわいそうにあの子どもを」と、傍の人は言うかもしれません。

しかし子どもにあえて苦労を経験させることで、その子どもは大人になってすばらしい人間に成長していくという例をよく見ます。それは、その子どもが立派な大人になっていくための大善をなしているのです。

「大善は非情に似たり」と言われるように、大善というのは短期的に見ると非情をなしているように見えます。立派な大人に育てていこうと思えば、非情な人間に見られます。「いいわ、いいわ」と甘やかして育てる小善は長期的には大悪をなします。そういうふうに私は思っています。

6　感性的な悩みをしない

最後は「感性的な悩みをしない」ということです。

人間として我々はしょっちゅう失敗をします。そして反省をし、失敗をした結果、くよくよと思い悩むことがあります。私はこのくよくよと感性的な悩みをしてはいけないということを説いています。

人生では心配事や失敗など心を煩わせるようなことがしょっちゅう起こります。しかし一度こぼれた水が元に戻ることはないように、起こってしまった失敗をいつまでも悔やみ、思い悩んでいても意味がありません。くよくよと思い続けることは心の病を引き起こし、ひいては肉体の病につながり、人生を不幸なものにしてしまいます。

すでに起こってしまったことはいたずらに悩まず、改めて反省をし、そして新しい思いを胸に抱き、新しい行動に直ちに移っていくことが大事です。

失敗をしたときには反省はせねばなりません。なぜ失敗したかという反省はしなくてはなりません。二度とそういう失敗をしないように固く心に誓うことが大事ではありますが、しかしそれをいつまでも悔やむことは、人生にとって決していいことではありません。

我々はよく仕事に失敗すると心配をします。しかしいくら心配をしても、失敗をした仕事が元に戻ることはありません。悔やみ思い悩んでも無意味だということはよくわかっていても、なお「あれがうまくいっていればな」などと思い、悩んでしまうものです。感性的な悩みをしないということは、こうした意味のない心労を重ねることをやめるということです。起きてしまったことはしようがありません。きっぱりと諦め、新しい仕事に打ち込んでいくことが肝要です。

たとえばスキャンダルに巻き込まれ、道徳的にも法律的にも追及され、本人はもとより親兄弟、周囲の人たちにまで大変な迷惑をかけるというような大失敗をしたとしても、なぜそんなことになったのか十分に反省し、今後一切そういうことはすまい、心を入れ替えて努力をしていこうと心に誓うことでいいのです。

不名誉なスキャンダルに襲われ、身も心もずたずたになるくらい心を悩ませ、揚げ句の果てには自殺をしてしまう人がよくいますが、いつまでもくよくよと失敗に心を悩ませ、心を暗くしていくことはやめたほうがいいと私は思っています。

そのような不祥事を招いたのは過去の自分自身が犯した罪、つまりそれは自分に業《ごう》があったからです。

その業がいま結果として、非難となって出てきているため、十分な反省、二度とそういう不祥事は起こさないという決意はしなければなりませんが、いつまでもくよくよと心配する必要はまったくありません。

身も心もずたずたになるくらい打ちしおれている自分を逆に励まし、立ち直っていけるようにしていくことが大切です。ぜひ、こういうことを十分心に刻んで、今後生きていっていただきたいと思います。

＊本章は２００９年10月15日に行われた鹿児島大学工学部稲盛学生賞・授賞式での特別講義を基に再構成しています。

第4章
仕事には哲学を持ち込め

人生というのは
その人がどういう考え方をするのかによって決まる

本章のテーマは、「なぜ仕事や経営に哲学が必要か」です。

大上段に振りかぶった題ですけれども、ここで言う「哲学」というのは決して難しいものではなく、「考え方」と言い換えてもいいものです。つまり、皆さんには「なぜ仕事や経営に正しい考え方が必要か」と理解してもらえればいいと思います。

今からお話しすることは、仕事や経営にとって非常に大事であると同時に、実は人生にとっても非常に大事です。


哲学、つまり、その人がどういう考え方を持つのか、それによって人生は決まってしまう、そのくらい哲学とは重要なものなのです。


ところがこのようなことはあまり言われませんし、誰も教えてくれないのです。

私がこの年になるまで生きてきて日に日に思いますのは、やはり人生というのは、その人がどういう考え方をするかによって決まってしまうということです。それなのに、考え方がいかに大切かということに、誰も気がつかない。

「どんな考え方を持つかは私の勝手でしょう。あなたからつべこべ言われたくない」。

これが現在に生きる我々の考え方なのです。親から何を言われても、「それは重要じゃない」、「自分の考え方は自分で見つける」というわけです。

ですから、仕事や経営にとって、哲学は大変重要であり、自分の考え方、あるいは社長の考え方が、人生や企業のすべてを決めるというお話をしたいと思います。

それにはまず、私がこれまで歩いてきた人生について、お話ししてみたいと思います。

考え方を変えるまで不運の連続だった私の人生

私は、1932年、鹿児島市に7人兄弟の次男として生まれました。当時、父は印刷業を営んでおり、戦前ではありましたが、比較的恵まれた家庭でした。しかし、第二次世界大戦を境に、私の運命は大きく変わっていきます。

終戦の1年前に当たる1944年に旧制鹿児島一中の入学試験を受け、見事に落ちる。翌年また受けて、また失敗する。

さらに、終戦の直前に結核にかかり、まだ13歳だったにもかかわらず死にかける。

鹿児島が連日連夜空襲にみまわれる中、青瓢箪《あおびょうたん》みたいになって寝ている。そんな暗い少年時代を過ごしたのです。

結局、自宅も空襲で焼けてしまい、戦後は貧しい生活を余儀なくされましたが、学校の先生の強い勧めや親兄弟の支援もあって、何とか高校進学を果たし、やがて大学に行けるチャンスにも恵まれました。

しかし、希望していた大阪大学医学部には合格せず、結局、当時新設されたばかりの、鹿児島大学工学部応用化学科に入学したわけです。昔、伊敷には陸軍の兵舎があって、鹿児島大学工学部はその跡地にできました。

大学を卒業した1955年は朝鮮戦争が終わった後の不況で、日本は大変な就職難でした。地方の新制大学を卒業し、縁故も何もない私にはなかなか就職口が見つかりません。ようやく大学の恩師の紹介で、京都にありました送電線用の碍子《がいし》をつくる会社に就職することができました。

私は有機化学の専攻で、特に無機化学のヤキモノの会社に入るのは本意ではなかったのですが、急遽卒業論文のテーマを無機化学に変えて、即席で卒業論文を書き、就職をしたような状態でした。

また、入った会社というのが、終戦からすでに10年が経っていましたが、ずっと赤字続きで、従業員に給料がまともに払えないといった会社でした。給料日になりますと、「まことにすまんが、1週間、給料の支払いを待ってくれ」と言ってくる。給料ぐらいはまともにもらえるだろうと思って入ったのに、給料日が来ても給料がもらえない。自炊をしていましたので、大変苦労をしました。

そのような会社の状況もさることながら、入れてもらった寮も、広さこそあったものの、畳の表は破れ、本当にボロボロの部屋でした。そこに七輪と鍋を買って持ち込んできて生活をしていたのです。

大卒の同期は5人いましたが、そんな会社でしたので、就職難の時代とはいえ、1人去り、2人去り、8月には2人だけになってしまいました。もう1人は京都大学の工学部を出た、九州出身の男でした。2人で「この会社はダメだから辞めよう」、「辞めようったって、お互いどこに行くんだ」、そんなことを言い合っているうちに、「自衛隊の幹部候補生学校というのがあるから、そこへ行こう。あそこだったら、こよりまともな給料をくれるぞ」と、2人そろって受験しました。

しかし、私は家族の反対にあい、結局、受かったものの、行くことはできませんでした。もう一人のほうはそのまま自衛隊に行ってしまったので、5人入った大卒の中で私だけが一人残り、その会社で働くはめになってしまったのです。

研究に打ち込むようになると、人生がどんどんよい方向に進みだした

そこで、もうこうなったらグジグジ言ってもしようがないと、私は気持ちを180度切り替えることにしました。つまり、「考え方」を変えたのです。

それまでは、自分はなんと運のない男かと、情けない思いで過ごしていました。大学を卒業するまでは、まさに不運の連続。中学校を受けてもすべる、大学を受けてもすべる、大学を卒業しても就職試験にすべる。

かなりいい成績で大学を卒業したつもりでいましたから、当時は先生も「稲盛くんだったら、たとえ縁故がなくたって、どこの会社でも採ってくれるだろう」と言って世話をしてくださった。ところが、どこも採ってくれなかった。だんだん不平不満がつのり、世の中がいやになってきました。

実は、大学時代、工学部の中に空手部ができて、沖縄から来られた先生が少林寺拳法を教えてくれるというので、私も部に入って空手をやっていました。少し腕っ節に自信が出てきたものですから、こんなに不公平な世の中、縁故でもなければ就職もままならない、それなら、いっそインテリヤクザにでもなってやろうかと思ったことも

あったのです。

そんな私が、たまたま先生の紹介で、赤字続きの会社に入ることになった。もともと不平があったところに、ますます不平の種をもらったようなものです。

しかも、同期はみんな不平をこぼしながら辞めていったのに、私だけは取り残された。もう逃げるところがない。そこでひらきなおって、考え方を180度変えたわけです。

その頃、研究室の課長から「この会社は送電線用の碍子をつくっているけれども、それだけではいつまでも続かない。やがてエレクトロニクスの時代が来る。高周波の絶縁性能に優れた新しいセラミックス材料を開発したいと思っている。君にその研究を任せる」と言われて、たった一人でそれを手掛けることになりました。たいした文献があるわけでもなく、アメリカの論文が二つ、三つあるばかりでした。

しかし、もう逃げるわけにはいきませんから、私はその研究に没頭することにしました。研究に没頭し始めると、寮に帰る時間もだんだん惜しくなってきて、寮から鍋や釜などの自炊道具を研究室に持ち込み、実験が終わったらそのままそこでご飯を炊いて食べて、椅子の上で仮眠をとる、という毎日を過ごすようになりました。そうやって真面目に精魂込めて打ち込み出すと、少しずつ成果が出るようになったのです。成果が出るから、自分でも面白くなる、面白くなるからさらに打ち込む。

そのうち上司も褒めてくれるようになり、その話が役員にまで伝わって、わざわざ役員が研究室まで訪ねてこられては、「君が稲盛くんか。すばらしい研究をしているそうだな」と声をかけてくれるようになる。そうなるとますます面白くなって、ますます頑張るようになる。

そのように、よい方向に転回していったのです。

入試に何度も失敗し、大学を出てもどこにも就職できず、ついていなかった青年時代。しかし、会社に入り、研究に打ち込むようになると、人生がどんどんよい方向に進みだした。そのとき初めて、私の人生に対する考え方が変わりました。

そして、研究を始めておよそ1年半が経った頃、「フォルステライト」という新しい高周波絶縁材料の合成に成功したのです。

フォルステライトができたとき、それを同定するための装置がなく、高度な測定装置を手づくりで用意したり、あるいは大学の研究室まで借りに行ったりして、苦労の末、やっと新しい高周波絶縁材料の合成に成功したということを確認しました。

そのちょうど1年前に、アメリカのGE社が同材料の合成に成功したという論文が出ていたのですが、「環境は恵まれていなかったのに、アメリカのGEというすばらしい会社の研究所が1年前にやったものと同じものを自分もやり遂げたのだ」と大変嬉しかったことを思い出します。

当時、松下電器がテレビを量産していて、そのブラウン管の中の絶縁材料に私が開発した材料を使いたいと、グループ会社の松下電子工業から引き合いを受けました。今度は研究だけではなく、量産までを私が手掛けることになったのです。

赤字を続けていた会社にとっても朗報であり、これでこの会社も生き返る、と会社の幹部も大変喜んでくれました。

その頃はテレビが飛ぶように売れており、ブラウン管の生産も、つくっても追いつかず、注文が山ほど入ってくるものですから、寝る間もないくらいに忙しく生産に取り組みました。

そのうちに、アメリカで、そのフォルステライトを使って、小指の先くらいの大きさの真空管が開発された、というニュースが届きました。

それまでは、ガラスでできた大きな真空管が使われていたのです。そこで、日立製作所がGE社から技術導入をして、日本でも量産することになったのですが、そのセラミックス材料をつくっているのが日本では私しかいなかったため、日立の方が私のところへ訪ねてこられて、それをつくってくれないかと言ってきました。

新しく開発されたセラミックスの真空管を使って、新しいラジオ、テレビをつくりたいというのです。シリコン材料が登場するのは、まだだいぶ後のことです。

それを聞いて私も大変感激して引き受けたのですが、やってもやってもうまくいきません。日立の研究所からは、やいのやいのと催促される。サンプルをつくって出してもなかなかうまくいかない。

日立からのクレームが重なってきたので、当時、上司であった技術部長が「これは稲盛くんに任せておったのではできない。ここまではよくやってくれたけれども、これ以上は君の能力では無理だ。別の研究者たちに任せることにする」と言ってきたのです。

その会社には京都大学出身の幹部が何人もいて、その人たちが碍子の研究もやっていたので研究を引き継ぐことになりました。

私はプライドを大変傷つけられ、短気を起こし、「つまり私は要らないということですね。では、辞めます」と、その技術部長に言い切ってしまいました。

知識も経験もなかった私が心の座標軸に定めたもの

私が「辞める」と言ったのを聞きつけて、部下や、私の父親と同じぐらいの当時の管理部長も一緒に辞めると言い出しました。

せっかくここまで技術を培ってきたのだから、知り合いの方に頼んでお金を出してもらい、新しい会社をつくろうということになり、1959年に、「京都セラミック」という会社が資本金300万円で設立されました。私がちょうど27歳のときです。

今のベンチャーですと、自分でお金を集めて、自分で会社をつくるというのが普通ですけれども、当時の私にはお金がありません。あったのは、たったの1万5000円。これでは会社をつくることなどできません。300万円の資本金は、私を信じてくれた方々が出してくださったお金です。

お金を出してくれた方々は皆さん大変すばらしい方で、新潟出身の西枝一江さんという方などは、お寺のご出身ともあって信仰心もあり、人柄もすばらしい方でした。

「稲盛さん、だいたい事業というのは千に一つ、万に一つ成功すればいいほうなのだよ。あなたは真面目なので成功するかもしれないけれども、たぶん、失敗する可能性私のほうが高いと思う」と言いながらも、ご自分の家屋敷を担保に差し出して銀行から私のために1000万円借りてくださった。

その方の奥さんも「うちには子どももいないし、あなたが27歳の青年に惚れたというのなら、いいじゃありませんか。私は家屋敷がなくなってもかまいませんよ」とおっしゃっていたそうです。

ところが、私は子どもの頃など「3時間泣き」というあだ名がついたほどの泣き虫で、そのうえ受験ではどこを受けても通らなかったぐらいですから、「あなたを信じ、あなたにかけたい」と言われて、これは大変なことになった、と震え上がりました。

創業と同時に20名の中卒を募集し、28名で会社が始まったわけですが、ああしていいか、こうしていいかと、何をするにも、みんな私のところに相談に来るわけです。

すると私は、「それはいい」とか、「それはいけない」などと言わなければならない、つまり、判断をしなければなりません。

判断をするには、判断のための基準、座標軸が私の中になければいけない。座標軸とは何かというと、それは私が持っている考え方、哲学です。

好き嫌いで物事を判断することもできますが、一つ判断を間違うと、会社は倒産するかもしれない。そのときに私は「判断には、正しいものも間違ったものもある。そうすると、人生とは、その節々で下した判断がインテグレートされたもの、集積されたものなのだ」と気づかされたのです。

「たとえば、10の判断をするときに、そのうちの9まではいい判断をしたけれども、最後の一つを間違ったために、すべてをダメにしてしまうことだってあり得るだろう。そう考えると、物事を判断するということは、大変な責任を伴うのだな。では、その判断基準はどこへ置けばいいのだろうか」と悩みました。「親戚に誰か偉い人でもいて、相談にのってもらえたらいいのに」などと思いましたが、そのような人もおらず、私は困り果てて、先ほどの西枝さんに相談に行きました。

そうしましたら、西枝さんは「稲盛さん何を言っているの、私がいるじゃないか。私に相談しなさい。何でも教えてあげるから」と言ってくださいました。

西枝さんは、当時、宮木電機製作所という会社の専務を務めておられて、確かに立派な方ではあったのですが、私は生意気なことに、そんな立派な会社でもないし、西枝さんの判断に任せて、本当にそれでいいのかなあと、助けてもらっておきながら思っていたわけです。

そして、「結局、自分で考えるしかない」と思うようになりました。

そうはいっても、知識も経験も何もありません。ひらきなおって、私は、子どものの頃、両親に叱られたり、先生に怒られたりするなかで学んだ「人間としてやっていいこと、やってはならないこと」、それで全部判断をしていこうというふうに考えたのです。

以来、この「人間として何が正しいのか」という考え方を心の座標軸にすえて、私はこれまで経営を行ってきました。

第二電電（現KDDI）が成功したたった一つの理由

また、私は、1984年に、通信事業の自由化に伴って、第二電電企画という会社をつくりました。

現在では、KDDと日本移動通信（IDO）を合併しまして、KDDIという、NTTに次ぐ国内第2位の通信会社になっています。そのKDDIの売上は、約3兆円。京セラとKDDIを合わせた売上は、4兆円を超えるまでになっています（※売上などについては2001年7月時点のもの）。

これが、27歳で会社を始めて42年間（当時）、「人間として何が正しいのか」ということだけを座標軸にして人生を歩いてきた結果です。

よく、国内外の評論家の方々や経済学者の方々から「どうして京セラはここまで発展したのですか」と聞かれます。また、「稲盛さんは優秀な技術屋で、しかもちょうどセラミックスというものが流行するような時代にたまたま遭遇されたから、大成功を収められたのですね」とも言われますが、そのとき私は「そうではありません。時流に乗ったわけでもなければ、私の技術が優秀だったからでもないのです。一番大事なのは、私が持っていた考え方、哲学が正しかったからだと思います。そして、それを私だけではなく、従業員が共有してきたからです」と言っています。

立派な哲学さえ持っていれば、誰がやっても成功する、そのように私は考えています。

通信事業が自由化される以前、日本の通話料金は非常に高く、庶民は大変困っていました。私は、かなり昔からアメリカで仕事をしていましたので、アメリカの通話料金は日本と違って非常に安いということを知っていました。

カリフォルニアからニューヨークへ電話をかけて長話をしても、電話代が非常に安い。一方、日本では出張中などに、東京から京都の本社に公衆電話を使って電話をしようというとき、100円、200円を10円玉に替えて、次から次へととにかく大量に入れる、というくらい通話料が高かったのです。

私はそれをずっと不満に思っていました。電気通信事業が一社の独占で行われており、国民が苦労しているのを見て、これはけしからんということで、第二電電をつくることにしたのです。

自分自身でも無謀だと思いましたし、周囲からも「稲盛さんはセラミックスの分野では優秀な技術屋かもしれないが、電気通信の技術については何も知らないじゃないか。できるわけがない」と言われたものです。

私は、密かにうちの幹部を集めて、こう言いました。

「京セラが成功したのは、私の技術が優秀だったからだとか、時流に乗ったからだとか言われるけれどもそうではない。フィロソフィ（哲学）があったからなのだ。そうはいっても誰も信用してくれないだろうから、それを今度、私自身、第二電電という通信会社をつくって証明してみようと思う。通信について、私は技術も何も知らない。あるのは哲学だけだ。哲学一つで本当にこの事業が成功するのか、もし成功したなら、経営に哲学がどれほど大事かということが証明できるはずだ」と。同時に「そうはいっても無謀な挑戦にはちがいないので、失敗するかもしれない。そのときは1000

億円まで金を使わせてほしい」とも言いました。

会社の利益を貯めた預金がかなりありましたので、そのうちの1000億円を使わせてくれ、そこまでやって成功しなかったら撤退する、と言い切ったわけです。ところが、ご存じの通り、第二電電は見事に成功しました。

「京セラの成功は、セラミックスが時流に乗ったからだ」とまわりは言っていたわけですが、私はそうではなくて、セラミックスというブームをつくったのは自分なのだという自負があります。

この10年くらいの間に、世界の材料工学の学会などで、「稲盛という男が、日本で京セラという会社を始めて努力をした結果、世界的なセラミックスブームが起こったのだ。彼がいなかったら、ブームはなかっただろう」という評価をいただくようになりました。そういう私の功績とは、正しい「考え方」というものがあったからこそ成し得たものなのです。

しかし、その考え方というのは、難しいものでも何でもなくて、ただ「人間として何が正しいのか、何が正しくないのか」という、単純でプリミティブ（素朴）なものにすぎません。

それらは、簡単に言うと、正義、公平、公正、誠実、勇気、博愛、勤勉、謙虚といった言葉で表されるようなことです。つまり正義にもとることなかりしか、誠実さにもとることなかりしか、勇気にもとることなかりしか、謙虚さを失ってはいないか、あらゆるものに対する博愛の心を持っているかということであり、そのようなことを実践するだけでいいのです。そういうものを大事にして、人間として恥ずかしくないような生き方をする、それだけで私はいいと思います。

そういうものを心の座標軸にすえて、どんな障害、どんな困難があろうともそれを貫いていけば、必ず成功するはずです。

筋を通す、つまり原理原則を貫くことに徹する

私など、それらを貫こうとするあまり、新聞、雑誌等で発言したことが、ときの政府や役所に対する痛烈な批判になったりして、政府から、または役所から苦情がきたり、妨害が来るほどです。それでも、私はひるまない。

相手によって生き方を変えるという人も世の中にはたくさんいるでしょう。

「意地を通せば窮屈だ」と、夏目漱石も言っていますが、本音を言ってそれを押し通

すというのでは、世の中を生きるには窮屈だし、いじめられる。だから、人は建て前でやり過ごそうとするものです。しかし私は、どんないじめにあおうとも、どんな迫害にあおうとも、今言ったようなことを貫くことを恐れません。

社内でも、もしこれにもとるような人がいたら、厳しく叱責します。

そして、その重要性が根本的にわかっていないような人は、どんな偉い人であろうとも辞めてもらいます。そうすると、はじめはダメージを受けるでしょう。しかし、放っておけば、将来もっと大きなダメージを受けることになるのです。そうやって、私は筋を通す、つまり原理原則を貫くということに徹してきました。

しかし、人間にとって正しいことと、自分にとって正しいことを取り違えてはいけません。自分にとって正しいことは、自分には都合がいいかもしれませんが、他人にとっては都合が悪いかもしれない。自分にとって正しいことというのは、利己的な考え方です。

私の言う考え方の中心に置かなければならないこととは、利己の対極にある利他です。さらに言葉を換えて言いますと、人のため世のためになるということ。それを心の座標軸の中心に置かなければなりません。

同時に、やはり事業ですから、誰にも負けない努力が必要です。それは、限度のない努力です。それこそが偉大なことを成し得るための源です。

頑張るといっても、私一人が頑張っても会社は立派になりませんから、従業員の支援が必要です。300万円の資本金で宮木電機さんの倉庫をお借りしてちっぽけな会社を京都につくったわけですけれど、たった30人弱の従業員と一緒に汗水流して、「頑張ろう、頑張ろう」と言って、本当に朝から晩まで頑張ったわけです。私は、あらゆる機会を見つけては、みんなに「会社を今に日本一に、世界一にしよう」と言ってきました。

できるわけないのです、もともと1万5000円しか持っていなかった男が、人様に300万円出してもらって始めた会社なのですから。

それが「世界一」なんてことを言ってもナンセンスなのですが、私は真面目にそう言っていたのです。ただでさえ「会社がつぶれるかもしれない」という恐怖心に付きまとわれていましたから、自分で自分を励ますためにも、「世界一にしよう」と言わざるを得なかった。

「どんなに偉大なことも、一つ一つの努力、アリの歩みのような一歩一歩の地味な努力の積み重ねでしか成し得ない。一朝一夕にできるものではないのだから、一人ひとりが地味な努力をする以外に方法はないのです。皆さんは、そんなに頭もよくない人間が、30人程度で努力したところで、そんなことできるわけがないと思うでしょう。そうじゃない。30人でも、限度のない努力、際限のない努力、それを延々と積めば、世界一の大企業というものだってつくれるのです。それが真理であり、ほかに方法はありません」。このようなことを、私は従業員に毎日必死に訴えてきました。

最後に残るのは
世のため人のために尽くしたもの

私は、しばらく前に、臨済宗妙心寺派のお寺で頭を剃って得度《とくど》をし、お坊さんの修行の真似事をさせていただいたのですが、そのときにしみじみ思ったのは、人生とは波瀾万丈、諸行無常であり、何一つ永遠に安定したものはない、一寸先は闇、何が起こるかわからないのだ、ということでした。

そのような諸行無常、波瀾万丈を生きる中で、たとえ経営者として成功したとしても、死んでいくときは地位も名誉も関係ありません。

稲盛和夫は、京セラをつくって、巨万の富を得たようだ。しかし、そういうことは、死の間際になってみれば何の価値もないのかもしれません。

そのかわり、その人が生きた間に、世のため人のためにどのくらい尽くしたのかということは残るはずです。

世のため人のために尽くすということは、美しい心を持つということ。美しい心を持っているから、自分のことはさておき、人のために尽くすことができるのです。そう考えれば、人生というのは、美しい心をつくるためにあるのではないか、そのように私は思います。

つまり、人生で何が一番の勲章かというと、一生をかけてつくり上げた美しい心なのです。

では、心が美しくなる最大の方法とは何か。それは、私は「一生懸命働く」ことだと思います。学生であれば、「一生懸命勉強する」ことになります。

心は、「苦労」という磨き粉を使わなくては磨けません。

だから人生ではいろんな苦労をさせられる。人生波瀾万丈、災難にあったり、病気になったり、悪いことも起こります。

しかし、それらはすべて、心を磨くために自然が我々に与えた試練なのです。同時にラッキーも、そのまま幸運に溺れて人間性が堕落していかないかを見るために、自然が与えた試練と考えることができるでしょう。

それを、苦労に対して不平不満をあげつらい、世を妬み、世を恨み、なんで自分だけがこんな目にあわなければならないのか、と拗ねていたのでは、心を磨けるわけもなく、かえって心が汚れていく。

今のこの試練は、それに耐えて一層頑張るようにという自然の教えなのだと受けとめ、苦しくても明るく生きていくのです。そうすることによって、すばらしい人間性というものが培われ、人生の勝利者となることができる。そのために、苦労をするということは大変大事なのです。

人生の方程式について

ここで、私は皆さんに、私が考えた「人生の方程式」を紹介しながら、考え方がいかに大切か、ということについて、さらにお話ししたいと思います。

人生の方程式とは、「人生・仕事の結果＝考え方×熱意×能力」というもので、私が20歳から30歳までの間に考えたものです。

どうも人生は、この三つのファクターの積で表せるのではないか。三つのファクターは掛け算ではなくて足し算される、と言う人もありますが、私は足し算ではなくて、積でかかると思っています。

能力は、頭の良し悪しのみならず、肉体的な能力や健康状態も含みます。

これは、もともと生まれながらにして自然から与えられたものですから、後天的に変えられるものではありません。

この能力というものは、人生にとっても仕事の面においても、非常に大きなファクターになります。

もう一つは熱意です。先ほども言ったように、偉大なこともみんな一歩一歩の積み上げでしかできないのだから、誰にも負けない努力をしよう、一生懸命頑張ろう、そういう考え方、熱意を持つのです。熱意を持つということは、能力と違って後天的に自分の意志でできます。今言った、能力と熱意には、ゼロからプラス100点まであります。

考えてみますと、私は、鹿児島大学という、当時では地方の一新制大学にすぎない学校を出たわけです。学校では若干勉強したつもりではありましたが、やっぱり都会に出てくると、たとえ京都のボロ会社とはいえ、私が受けてすべった大阪大学や京都大学といった優秀な大学を出た人がたくさんいる。その中では、どうしても能力の面でコンプレックスを抱いてしまいます。

その私がそういう優秀な人たちと競っていこうと思えば、どうしたらいいのか。能力がないから、一生勝てないのか。いや、そうではない、一生懸命努力すれば、つまり熱意があればやっていけるはずだ、それが、「能力×熱意」という考え方を思いついたきっかけです。

たとえば、一流大学を優秀な成績で卒業したという人間でも、自分は頭がいいからと思ってなまけてしまう。一流大学を出たわけですから、能力という点では70点、あるいは、80点かもしれない。しかし、努力をしないから、熱意は30点しかありません。すると、80点×30点＝２４００点となります。一方、地方の新制大学しか出ていない人間の場合、能力は60点ぐらいでしょう。

しかし、頭がよくない代わりに一生懸命努力をしようと思って80点の熱意を持てば、60点×80点＝４８００点になる。つまり、一流大学を出た人間の倍の結果が得られるわけです。

さらにそこに、考え方というファクターがかかってきます。

考え方にはネガティブなマイナスの考え方もありますから、マイナス１００点からプラス100点まであります。

たとえば、鹿児島大学を出て就職試験を受けたけれど、どこも採ってくれない。縁故で紹介者がいないと採ってくれないなんて、世の中不公平じゃないか、実力で採ってくれないのか、いくらそう文句を言っても採ってくれない。こんな不公平な世の中、ヤクザにでもなってやろうかと思って、その道へ進もうとさえ考えた。大学時代は空手をやっていたから、いっぱしのヤクザの親分にでもなっていたかもしれない。まかり間違えば、社会にとってプラスになるどころか、害悪を及ぼす、つまりマイナスの存在となっていたかもしれないのです。

考え方がマイナスであれば、たとえそれが些細なマイナスであっても、積でかかりますから、人生の結果は全部マイナスになってしまいます。能力も人並み以上、努力も人並み以上でも、世の中を拗ねて盗みを働きながら生きていけば、人生はすべてマイナスになってしまう。

考え方というのは、ことほどさように大切であり、心の座標軸にどういう考え方をすえるのかによって、人生はガラッと変わってくるのです。

どんな思想を持とうと、その結末は自分で摘み取らなければならない

このような話を私が京セラで話すと、大学を出た優秀な社員などは、ただ働けばいいはずなのに、なぜ考え方まで強制されなければならないのか、いろんな思想があったっていいではないか、と反発をします。

確かに、いろんな思想を持つのは自由です。そのかわり、どんな思想を持とうと、その結末は自分自身で摘み取らなければなりません。だからこそ、人生の先輩として、こういう考え方を持つべきだと私は説くのです。

昔、こんなこともありました。女性用の下着をつくっている、ワコールという会社がありますね。

あのワコールは、すでに亡くなられました塚本幸一さんという方が創業されました。私より12歳、ちょうど一回り年が上でしたが、年の若い私を尊敬していると言ってくださいました。大変仲良くしていただき、仕事が終わると、よく祇園に行って酒を飲んだりしたものでした。

あるとき、若い経営者連中と一杯飲みながら、経営について、また哲学について議論していたときに、一人の若い経営者が「稲盛さん、私はそうは思いません。うちの会社ではこういう考え方をしています」と言い出しました。

私は、人生というのはたった一回しかないのだから、もっと生真面目に、もっと一生懸命生きていこう、と言ったのですが、彼は、たった一回しかない人生、もっと楽しくいくべきだと言う。

そのときに、塚本さんは「おいこらお前、余計なことを言うな。だいたいお前と稲盛くんでは比べようがないではないか。お前がそんな考え方だから、お前の会社は今の規模にとどまっているのだ。比較にもならない会社の社長が、稲盛くんに向かって、それは違うと言うのはおかしいではないか」と本気で怒られたのです。

その言葉に「なるほどな。人生どうありたいか、どういう会社経営をしたいか、それに応じた考え方が必要なのだ」と、私も気づかされました。

人生という山に登るとき、その社長が言ったように、たった一回しかない人生、いいかげんでも楽しく生きたいと思うなら、ハイキング気分で行ってもいいだろう。しかし、富士山に登りたいと思うなら、それなりの準備が要るし、体力も要る。ましてや、冬のヒマラヤに登ろうと思えば、それに勝る完璧な装備が必要になります。

どの山に登りたいのか、つまり、どういう人生を送りたいのか、どういう会社経営をしたいのか、それに応じた考え方、フィロソフィが必要なのです。

ですから「稲盛さんはこんな考え方が大事ですよと言うが、それは、京セラという会社をつくるのに必要な考え方であって、自分はそれほどの会社にしようとは思ってはいないから、もっと程度の低い考えでもいいだろう」と思うのは結構です。

哲学はなるべく次元の高いものであるべきだとは思いますが、それは立派な人生を送りたいと思うからこそ必要なのであって、もっといいかげんな人生で終わってもいいと思うなら、あまり次元が高くなくてもいい。

自分が過ごそうと思う人生に応じた考え方を持つことが大切なのです。

＊本章は2001年7月11日に行われた鹿児島大学工学部「京セラ経営学講座」を基に再構成しています。

次代を担う皆さんとの質疑応答③

２００1年7月11日に行われた鹿児島大学工学部「京セラ経営学講座」では、後輩に当たる学生の皆さんから、大変興味深い質問がありました。

[質問] 一人では抱え切れないほどの大きな責任をどうはねのければいい？

工学部修士1年のTといいます。今までの生き方を非常に恥ずかしく思いました。一つ質問をさせてください。会社を起こしたり大きなプロジェクトを始めるとき、自分一人では抱え切れないくらい大きな責任がついてくると思うのですが、そのプレッシャーをどのようにはねのけて前へ進んでいけばいいのでしょうか。

[回答] 信頼の置ける人に相談していた

確かに今の話の中にもあったように、もう耐え切れないような大変なプレッシャーがかかってきました。

それは強靭な精神力で耐えていかなければならないのでしょうが、なかなかそう耐えられるものでもありませんので、私は、家屋敷を抵当に入れて1000万円を貸してくださった西枝さんによく愚痴をこぼしました。夕方7時くらいになると、西枝さんのところに行って、子どもが駄々をこねるみたいに、愚痴をこぼしました。

その方が、すばらしい方で、もともと寺の出身だったためもあってか、私が疲れ果てて精神的にまいっているのを見抜かれるのです。

そして「わかった、わかった。じゃあ今から飲みに行こう」と、その方は新潟の方だったものですから、祇園にある新潟出身の色の白い美人姉妹が素人料理屋をしておられるところへ、飲みにつれていってくださいました。

そこは京都大学の平澤興元総長をはじめ、京都大学の学者がたくさん来て飲んでいるところでした。そこのカウンターで酒を飲ませてくれて、私の愚痴を聞いてくれる。それで私はストレスを解消していたように思います。

また、そうしてストレスを解消してくださるだけでなく、その中で私はお酒のマナーも教わりました。飲ませていただくわけですから、私は遠慮して、あまり飲まないのです。そうすると、「そんな堅くならなくていいですよ。お酒は酔うためにあるんですから飲みなさいよ」と言われる。「ああそうかな」と思ってちょっと飲みすぎると、今度は「酒に飲まれちゃいけません」と説教されるのです。飲まなかったら飲めと言われるし、ちょっと飲んだら飲みすぎたらいけないと言われる。またお酌をすると「飲んですぐにお酌をしてくれたら、忙しくて飲めやしません。私も酒は嗜《たしな》んで飲みたいんで、そんなにせっついて注がないでください」と言われるものですから、しばらく注がないと、今度は「たまには注いだらどうや」と言われる。

つまり、そういう阿吽《あうん》の呼吸というのを教わりながらお酒を飲ませていただいて、それでそのストレスを解消させていただいたような気がします。

たぶん、あの方にそういう私の面倒を見ていただけなかったら、本当に発狂するくらいになったかもしれません。そのくらい、経営者には大きなプレッシャーがかかります。だから、やはり強靭な精神力というのも、一生懸命に働いているときにつくられていくのだと思います。

［質問］　1日24時間の使い方について

Nと申します。よく、時間が唯一、人類に平等に与えられたものだというふうに言われることがあります。では、稲盛さんは1日24時間の使い方をどのようにしてらっしゃるのかというのをお伺いできればと思います。

［回答］　私は「絶対に後に残さない」という生き方をしてきた

確かに1日は24時間しかないわけですね。

私の場合は、何時から何時まではこれをするという意識はありませんでした。とにかく今日しなければならないことは今日中に済ます。つまり絶対に後へ残さないという生き方をしてきました。

ですから、あまりよく覚えていませんが、会社をつくってからの、おそらく10年、20年は家に帰るのは午前様だったと思います。

もちろん土日はなかったような気がします。自慢にならないことですが、3人いる娘の授業参観には、小、中学校も含めて行ったことがないのです。

だから、娘たちには大変恨まれていて、「お父さんらしいことを一つもしてもらったことがない」と言われています。

先ほどの質問にあったように、本当にもうつぶされそうな責任感と重圧で、家のことは妻に任せていました。娘たちもやはり寂しかったようです。お嫁に行ってからの話ですが、私が、「娘も妻も、私の仕事をよく理解してくれたからよかった」と言うと、娘は「全然理解なんかしてませんよ。お父さんはひどいお父さんでしたよ。よそのお父さんは子どもと一緒に遊んでくれるので、うらやましいなとしょっちゅう思った」と言っています。

しかし、離婚もされないでその程度で済んでいますから、よかったと思っています。確かに時間がありませんから、だいたい365日午前様でした。もちろん飲んで午前様じゃないですよ、仕事をして午前様だったのです。

[質問] 社員が尊敬しすぎるという危険性について

法文学部3年のIと申します。先日、国分工場を見学させていただいたのですが、その質疑応答の際にいろんな質問に対して、困ったときは稲盛さんのフィロソフィの書いてある冊子に戻って、そこから答えを導き出そうということをよくおっしゃっていたのですが、それを聞いて社員にもすごく稲盛さんのフィロソフィが浸透しているなと感じました。

しかし社員の方々が稲盛さんを尊敬しすぎていて、将来的に京セラが変われない体質の象徴にもなり得る危険性もはらんでいるなと感じました。

そのあたりで稲盛さんは松下電器産業の松下幸之助さんと自分を重ねられることはおありですか。

[回答]　普遍性がどこまであるかが重要なこと

自分自身を松下幸之助さんと重ねて考えたことはありませんが、私は若い頃にいろいろと松下幸之助さんの本などを読んだりして、松下幸之助さんの思想や哲学を学んできましたので、多分に松下幸之助さんの哲学思想が私の中にも入っていると思います。

物事を判断するときに、京セラフィロソフィというものをひもといて、それを判断の座標軸にしていくと、将来、破綻が来るのではないかということですが、それが偏った考え方、たとえば毛沢東の思想やナチスドイツをつくったヒトラーの判断基準とか、そういうものであれば破綻も来るでしょう。

京セラフィロソフィというのは、「人間として何が正しいのか」ということを判断基準にすると私は言いました。

それが「人間として何が正しいのか」ではなくて、「稲盛和夫にとって何が正しいのか」ということに少しでもなっていたとすれば、それは何年か後には、崩壊する可能性も十分あります。それは普遍性がどこまであるかという問題であろうと思っています。

たとえば、宗教の場合だと、キリストが説いたことを後で弟子の人たちが書いた聖書というものが基準になっていますし、またお釈迦さまが説いたことを後で書いた経典がいろいろあり、そういうもので判断しましょうとなっています。

非常に正しいことを説いていたように見えても、宗教も時代とともにそれが合わなくなってくるという可能性も十分あるわけですから、あなたがおっしゃったように、京セラフィロソフィもそういう危険性が十分あるわけです。

しかし、人生を生きていくために、また経営していくにも、何が正しいのかという道はあるということだけは事実です。今のところは私の場合には、この数十年間、そういう考え方をしてきた結果こうなったという、まぎれもない実績がありますから、この考え方はそんなに間違っていることではなかろうと思っています。もし、実績もない人が、「オレはこう思う」というようなことを信じてやれば、悲惨な結果になるかもしれない危険性があります。

しかし私の場合には、自分でしてきたこと、もうそれ以上でも以下でもないことを話しているわけですから、そう間違ってはいないはずです。

第5章

20代で知っておくべき経営の12ヵ条

会社を経営するとき、一人の社会人として働くときに必要な原理原則

今から話をします「経営12ヵ条」というのは、経営をするのに大変必要なことだと思って私が考えたものです。

もし皆さんが社会に出られて会社をつくって経営される場合には直接に必要になるものですが、会社をつくらない場合でも、1人の人間として生きていくのに、1人の社会人として働いていくのに、大変大事なことが含まれていますので、ぜひ理解していただきたいと思います。

1 事業の目的、意義を明確にする
2 具体的な目標を立てる
3 強烈な願望を心に抱く
4 誰にも負けない努力をする
5 売上を最大限に伸ばし、経費を最小限に抑える

6　値決めは経営
7　経営は強い意志で決まる
8　燃える闘魂
9　勇気をもって事に当たる
10　常に創造的な仕事をする
11　思いやりの心で誠実に
12　常に明るく前向きに、夢と希望を抱いて素直な心で

この経営12ヵ条は、今日まで京セラやＫＤＤＩの経営をしている中で、私が体験した実践的な経営の原理原則を12項目にまとめたものです。

これらはすべて、私が経営をするときに今日までしてきたことです。

1　事業の目的、意義を明確にする

～公明正大で大義名分のある高い目的を立てる

私の場合、27歳で会社をつくったときは28名の従業員でスタートしました。28名と言っても、私と一緒に会社をつくろうと言ったのはそのうちの8名で、あとはその年に中学校を卒業した人たちを男女合わせて20名採用しました。

そういう零細な企業であっても、また、大学を卒業し社会に出て人生の道を歩いていくという場合でも、最初に、「事業の目的、意義」を明確にすることは大切です。

副題に「公明正大で大義名分のある高い目的を立てる」と書きましたが、社会に出て自分の人生を歩いていく場合でも、どういう目的で人生を歩くのか、また、自分にとって目的を達成するとはどういう意義があるのかという、そういう目的、意義を打ち立てる必要があると思います。

特に、起業をする場合にはこれはとても大事なことです。自分の事業の目的、または、意義を明確にすることが大変大事なことなのです。

一般にベンチャーで企業を始めるという人たちの場合に、「事業の目的は?」と問うと、「私は金儲けをしたいから事業を始めたのだ」と言う人がいるかもしれません。

いや、「家族を養わなければならないからだ」と言う人もいるかもしれません。

「金儲けをしたい」とか、「家族を養っていかなければならない」としても、それはそれでいいのですが、少なくとも経営者である社長を除いた他の従業員の人たちは、社長がお金儲けをしたいために働く、または、社長が自分の家族を養うために会社を始めたというのでは、従業員はそれを手伝うだけということになります。それでは、一緒に力を合わせてやりましょう、という気持ちにはなり得ないわけです。

ですからそういう意味では、やはり事業の目的や意義というのは、なるべく高い次元の目的、意義というようなものをうたわなければならないと思うわけです。

もし、会社が稲盛和夫の技術を世に問うための場であったり、稲盛和夫がお金儲けをしたいがためであったり、稲盛和夫の家族を養うためのものであったりした場合、みんなで一生懸命頑張りましょうと言っても、それは言えば言うほど、稲盛和夫の個人的な目的を満たすだけのこととなってしまい、従業員の人たちが一生懸命頑張るという動機づけには、なかなかなりにくいということになってしまいます。

会社の目的を「全従業員の物心両面の幸福を追求する」と置くと、われわれみんなの幸せのために一生懸命頑張ろうではないかということになります。経営者と労働組合、資本家と労働者といった区分ではなく、すべてが一体になってこの会社を立派にしていこうという、共通の目的でみんなを引っ張っていくことができるわけです。

また、同時に従業員に自分と一緒に懸命に働いてもらおうとするならば、そこに大義名分がなければ人は動かないわけです。

ですから、我々従業員が、ただ単に物心両面で幸せになるだけではなくて、我々の技術開発を通じて人類と社会の進歩発展にも貢献しようという目的もすえました。

つまり、京セラという会社が存在したことが、人類、社会の進歩発展に貢献できた。あの会社があったからこそすばらしい技術開発ができて、それが社会にも非常に貢献した。世界の技術開発の面でも大変貢献したと言われるような、社会的にも立派なことをしようではありませんかと、その目的を立てたのです。

2　具体的な目標を立てる

～立てた目標は常に社員と共有する

次は、企業経営の具体的な目標を立てるということです。ここで大事なことは、具体的な目標を立てると同時に、立てた目標は常に社員と共有することです。

たとえば、自分の会社の年間売上が現在1億円だとすると、来期は2億円の売上にしたいというように、具体的な数字で目標を明確に描くことです。

これは売上だけでなく、利益や従業員の数など会社の規模といったものも含め、明確な目標として数字で具体的に立てることが大事です。

つまり、目標は会社全体の漠とした数字ではなくて、組織ごとにブレイクダウンされた詳細なものでなければならないと思っています。

組織の最小単位に至るまで明確な目標数字があり、さらには、一人ひとりの社員にまでも明確な指針となる具体的な目標をつくるべきです。

また1年間を通した通期の目標だけではなく、月次の目標、つまり毎月毎月の目標も設定するべきです。

そうすれば、おのずから日々の目標も見えてくるはずです。そのように各人が日々自分の役割を果たすことができるような、明確な目標を設定しなければならないと考えています。

もし、会社の目標が明確でなければ、会社がどのような方向に向かうのか経営者が指し示すことができませんし、従業員も向かうべき目標がわからなくて、それぞれが勝手気ままな方向に向かってしまい、持てる力が分散し、組織として力を発揮することができないことになってしまうわけです。

だからこそ、この目標を明確にすると同時にそれを従業員と共有するということが大事なのです。

私はこのことを「ベクトルを合わせよう」と従業員によく言っていました。

経営者は明確な経営計画や指針を従業員に指し示すことによって、従業員の力を会社が目指す方向に揃えるように、努力をしなければならないと思っています。

また、私は長期の経営計画は立てる必要がないと思っています。

一般には、大企業の場合でも、経営コンサルタントの方々でも、企業経営をする場合にはどうしても中長期の経営計画が要ると言われます。

中長期の経営計画を立て、それに沿って経営をするのが正しい手法だと言われるのですが、私はあまり必要ではないと考えています。

京セラでは、現在では中長期の経営計画を立てていますが、私が経営者として経営をしていた過去30年くらいは、まったく中長期の経営計画は立てませんでした。

それではどうしていたかと言いますと、1年間の経営計画を立てていたのです。そういう会社で大企業になったというのが不思議なくらいです。

なぜ、私が中長期の経営計画を立てなかったのか。

それは経済予測が非常に難しいのと同じように、私たちの置かれている企業経営環境というのも、やはり数年で大きな変化を遂げていくわけです。現時点から5年先を見て、中長期の経営計画を立てていった場合でも、2年後には、会社が置かれている状況、環境がガラッと変わってしまいます。

長期経営計画を立てていると、そのように必ず状況が変わってしまい、それを修正するということをしょっちゅうしなければならなくなります。

中長期の経営計画を立てて、従業員を引っ張っていくということは大事なのですが、それが常に修正されるとなると、計画そのものの信憑性がなくなり、計画自体が疑われてしまうことになりかねません。

計画が守れないとなってくると、従業員の信頼までなくなってしまうと思い、私はそういうことはなるべくしないようにしました。

その結果、私は1年間の経営計画とその月々の経営計画を立て、それを必死に守り抜くということをしました。1年くらい先までなら、何とか経済予測も読めますし、企業環境も読めるものですから、その1年を必死で頑張るということをやったのです。

3 強烈な願望を心に抱く
～潜在意識に透徹するほどの強く持続した願望を持つこと

三番目は、強烈な願望を心に抱くということです。

これは、言い換えれば「潜在意識に透徹《とうてつ》するほどの強く持続した願望を持つ」ということです。大変難しい表現ですので、説明しなければならないと思います。

この「強烈な願望」というのは、私の会社をこうしたいという望み、それも願をかけるような望みのことです。

さらに、その前に「強烈な」という形容詞がつくわけですから、すさまじく強い思いという意味です。つまり、大変強烈な思いを心に抱くということです。

私は若い頃、ヨガの真似事を少ししたことがあって、そのときに知ったことですが、インドのヒマラヤ山中でヨガの修行などをしている聖者と言われる人たちがよく使う言葉に、「強烈な願望、つまり心の中に強く思ったことは、現世に出てくる、つまり事実として起こる」ということがあります。

何としても目標を達成したいという強い願望を持つことが、成功の鍵になるということを、私は経営を続けてくる中で感じています。

経営をしているといろいろなことが起こります。たとえば、こういう技術開発をしたいと思うがその技術者が不足している。こういう技術開発をしたいと思うが、それを研究するための資金が足りない。こういう研究をしようと思うとこういう装置が要るが、それを買うお金がない。

このように、何かをしたいと思っても、なかなかうまくいかないケースがいくらでもありますが、それを諦めるのではなく、強烈な願望で寝ても覚めても考えるということをするわけです。

我々の意識には、目覚めた状態で意識している顕在意識と、我々の見えないところにある潜在意識があります。強く繰り返し繰り返し考えたことは、全部潜在意識に入っていくと同時に、その潜在意識が顕在意識のところにあがってきて、それが使えるということがあるのです。

潜在意識を使って仕事をしているということに、皆さんあまり気づいていないと思います。

仕事をする場合でも勉強する場合でも、顕在した意識で覚えたり話したりしているので、潜在意識を使っていないように思いますが、そうではないのです。自動車の運転を例にとればわかると思います。

自動車の運転をする方はわかると思いますが、昔はギアチェンジをしなければなりませんでした。左足でクラッチを踏んでギアチェンジをし、すぐに右足でアクセルを踏む。止まるときには右足をアクセルからぱっと離してブレーキを踏むということをしなければなりません。

同時にハンドルを持って右へ左へきらなければなりませんから、そういうことを教習所で教わると、大変戸惑って、教習所の人に「はい、クラッチを踏んでギアをチェンジしてください」と言われても、左足と右足とがばらばらになって、さらに足のほうに神経を使っているものだから、手のほうがおろそかになってハンドルがぐらぐらしてしまい叱られるという経験があるかと思います。

ところが、免許を取って、自分で運転をしている人たちは、運転しているときに顕在意識でクラッチを踏んで、今度アクセルを踏んでというふうにいちいち考えている方は一人もいないと思います。

車に乗ってエンジンをかけた後は勝手に手足が動いて勝手に走っているという状態

で、それはまさに潜在意識で仕事をしていると言えます。

実は、顕在意識でいちいち思い出しながら仕事をしていると非常に疲れるのです。ですから、自動車の運転も習いたてで運転をしたときというのは、ものすごく疲れるはずです。遠出でもしようものならクタクタになるはずです。

ところが慣れてきて潜在意識で運転するようになると、遠出をしても全然疲れない、かえって楽しいくらいになります。それが本当に潜在意識で仕事をしているということなのです。

これは会社の仕事でも同じです。

社員を採用して仕事をしてもらいますが、我々製造業の場合、モノをつくっていますから単純な同じ作業を一日中するわけです。

そうすると、非常に楽な仕事であっても、まず1週間続けると、肩がこるとか腰が痛いとか目が疲れるとか言いだし、こんな細かいものを見ながら仕事をしていたのでは体が保ちませんと、だいたい3ヵ月も経つと辞めたいと言ってくる人が出てきます。3ヵ月までは習いたてで、顕在意識で仕事をしているので目も疲れるし肩も痛くなり、非常に疲れます。

ところが、3ヵ月が過ぎて、潜在意識で仕事ができるとなってくると、まったく疲れなくなってしまう、本当に楽な仕事だとなってきます。

「3ヵ月は辛抱しなさい」という意味は、潜在意識で仕事ができるようになるためには3ヵ月くらいの期間が要るという、そういうことでもあるわけです。難しいヨガや座禅をしなくても、仕事を一生懸命繰り返ししていくと潜在意識に入っていきます。

つまり、自動車の運転をするような感覚になるわけです。先にも言ったように、京セラという会社はこういう会社にしたい、たとえば1億円の売上にしたい、1000万円の利益をあげたい、従業員にたくさんボーナスを払ってあげたいと強烈な願望を心に抱くわけです。

それを来る日も来る日も自分で思い出して言うのです。そういうふうに繰り返し繰り返し毎日考えていると、それは潜在意識に入っていきます。

会社の経営で、仕事を一生懸命していると、うちの会社をこうしたいと思うことが、自然に潜在意識となり、その仕事がうまくいくようになっていくというケースがよくあります。

4　誰にも負けない努力をする
～地味な仕事を一歩一歩堅実に、たゆまぬ努力を続ける

四番目には、「誰にも負けない努力をする」ということを挙げています。副題として、「地味な仕事を一歩一歩堅実に、たゆまぬ努力を続ける」としています。

誰にも負けない努力をするということが大事なのですが、その前に、地味な仕事を堅実に、たゆまぬ努力を続けるということが、実は大変大事なことです。

私の場合には、ファインセラミックスという特殊な焼き物の研究をしていたわけですが、焼き物というのは非常に地味なものです。

一般には金属酸化物の粉末をこねて、形をつくって高温で焼成し、その焼き固まったものがセラミックスになるわけですが、そういう焼き物をベースに会社は始まったのです。

ファインセラミックスという特殊な焼き物であっても、できあがった品物は1個が10円とか20円とかでした。

そういうものをお客さんに何百万個もつくって納めるため、日がな一日そういう製

品を生産しているわけです。

大学を卒業した人を採用してそういう単調で地味な仕事をさせると、「私は大学でいろんなことを勉強してきました。それなのに、こんな単純で地味なことをしていて私の一生がこれで終わるのかと思うと寂しい気がします。私は自分の才能をもっと開花させたいと思うので、この会社を辞めたいと思います」と言いだす人がしょっちゅう出てきました。大学を卒業した人だけでなく、高校を卒業した人でもそういう人が出てきました。

そう言われると、私自身も大学時代は、華やかな石油化学の方面へ行こうと思っていたものですから、こんな焼き物を1個1個つくりあげるというような地味なことを続けていても、京セラという会社は、所詮は町工場にちょっと毛の生えたようなものにしかなりっこないのではないか、それで私の一生を終わっていいものだろうかと悩むことがよくありました。

しかし、そのときに思ったのは、先達が言っていたように世界最高峰のヒマラヤに登るにも麓から一歩一歩、歩いていかなければ登頂はできないように、どんな偉大なことでも、一歩一歩、地味なことを続けていくしかないということでした。

人生という道を歩く以上、やはり一歩一歩しか歩けないのであって、ジェット機や高速の自動車のようなそういう便利なものはないと、私はそのときに気がつきました。

この地味な一歩一歩の積み重ねが本人も想像できないような、驚くべき偉大なことを成し得る、その偉大なことは、一歩一歩の地味な努力の積み重ねの集成されたものでしかないということに、実は気がついたのです。

ですから、私はそれ以後、その地味な焼き物の世界を歩きながら、決して私の人生が灰色であるとは思わないようになりました。


よく、「努力をしなさい」と言うと、「しています」と、みんな主観的に言いますが、主観的なものではないのです。

客観的に見て、誰にも負けない努力をしているということが大事であって、自分自身が努力をしていると思うだけのことではないのです。「誰にも負けない努力」とは、客観的に見ても本当に努力をしているということでなければいけません。この「誰にも負けない努力」というのが四番目で、大変大事なことです。

5 売上を最大限に伸ばし、経費を最小限に抑える
~入るを量って出ずるを制する。利益を追うのではない。利益は後からついてくる

五番目は、「売上を最大限に伸ばし、経費を最小限に抑える」です。副題として「入るを量って出ずるを制する。利益を追うのではない。利益は後からついてくる」となっています。

ここに書いてあるように、売上をなるべくあげてそれにかかる費用というものを抑えるということが経営の要諦なのです。

これは京セラを始めた頃に、前の会社で私の上司であった青山政次さんと、また経理担当の課長で経理がわかっている人とよく議論をしたことです。

経営の指標として用いるものに損益計算書があります。売上と費用に分かれていて、売上は何項目あって合計でいくら、費用には、それぞれ勘定科目があって合計でいくらというのが記されています。

大学の工学部に在籍する人も、文科系におられる方も含めて、ぜひ、会計というもの、言葉を換えますと簿記というものは勉強していただきたいと思います。

簿記というのは会社の経理が会計の帳面をつけるときの複式簿記ですが、日本では商業高等学校などでは教わっても、大学の経済学部や商学部では、教えてもらわないのではないかと思います。

工学部であれ文系学部であれ、また、自分自身で事業をしなくても、たとえば家計簿をその損益計算書、複式簿記でつけるようなことを本当はしなければならないのです。

損益計算書にある売上、費用、営業利益、税引前利益といったものは、よく勉強して本当は知らなければならないのですが、そういう勉強を誰もしていません。

私自身も勉強していませんでしたので、京セラの経営を始めたときに経理課長が教えてくれたのですが、難しくて面倒くさいものですから、私は、「もうわかった。売上をたくさんあげて、経費はなるべく使わなければいいのですね」と、そういうことで京セラの経営をしてきたのです。

実はこの単純なことを、一流の大企業の経営者の皆さんもわかっていないのです。売上を上げて、費用を引いていくと実は赤字だったのかと、それを詳しく聞いて納得している方が大半なのです。

「売上を最大に、経費を最小に」と言っても、それは人によって程度が違います。

Aという経営者は、十分利益も出ているのだから贅沢ではない、といって立派な本社ビルをつくる。また私のような人は、立派な本社ビルをつくってもまだ余裕があるのに、つくらないで辛抱して頑張っている。その違いはまさにその人が持っている哲学、人生観なのです。

また、この「売上を最大に、経費を最小に」という中で、私の場合「利益を追うのではない。利益は後からついてくる」としています。

徹底して、売上をあげて経費を使わないというようなことをすると、売上に対しての利益、つまり売上利益率が非常によくなってきます。

一般には、売上利益率というのは数パーセントあればいいほうと言われています。売上利益率が10パーセントであれば、それは高収益会社です。その中で売上に対して、20パーセント、30パーセントの利益が出るという企業もありますが、これは超優良な高収益企業です。

私は売上を最大にし、経費を最小にした結果、出てくるのが利益であって、それを綿々と続けていけば、高収益が得られるようになっていくという考え方で経営をしてきました。

つまり、公明正大に売上を最大に伸ばし、その中で経費を最小に抑えていくということによって利益率を高めていく、そういう経営を続けてきました。

不況になっていくと、それが非常にはっきりとしてきます。

というのは、売上利益率が数パーセントという企業の場合では、売上が20パーセントダウンすると赤字転落します。売上利益率が20パーセントもある企業だと、売上が40パーセントダウンしてもまだまだ利益があります。

ですから、高収益企業は不況に対する抵抗力があるのです。

そうなるためには、景気がいいときに、高収益企業に企業体質を変えていくということが必要です。

6　値決めは経営

～値決めはトップの仕事。お客様も喜び、自分も儲かるポイントは一点である

六番目は、「値決めは経営」です。副題に、「値決めはトップの仕事。お客様も喜び、自分も儲かるポイントは一点である」と書いています。

私が京セラを始めたとき、セラミックスという新しい材料を開発し、最初は真空管

をつくる部品の絶縁材料に使っていました。

京セラしか扱っていない特殊な材料で、売る用途も、ある特定のメーカーに限られるというものでした。

ですから、それをいくらで売るかという値段は他に比べるものがありませんから、私が値段を決めなくてはならないわけです。

値段を決めるには、材料費や人件費などがいくらかかったかを調べて、それに適正な利益をのせて売るというのが、一般のメーカーのやり方です。

しかし、たとえばこの製品をつくる原価が10円なので、それに利益をつけて11円で売ろうと私が売値を決めても、お客さんからそんな高い材料は要りませんと言われれば売れないわけです。

逆に、お客さんにいくらで買ってくれますかと聞いても、8円なら買うというように、原価より低い値段を言われると、今度はこちらが2円損をしてしまうので、売れなくなります。

つまり、相場があるものではない、そういう売り手と買い手との間の交渉で値段が決まっていく場合には、その交渉で決まった値段が売値になるので、値段に合うようにつくることを考えなければならなくなります。その値段で合うように製造方式を変えてつくっていくことを考えなければならないのです。

逆のケースもあります。10円の原価の製品を売りに行くとき、この前のお客さんのところでは8円でしか買えないと言われたので、これから行くところはいくらで言おうかと悩みながら訪問します。

自分で値段を言うのが怖いものですから、「いくらなら使っていただけますか」と聞くと、お客さんは「18円なら喜んで使いましょう」と言うわけです。内心、8円ぐらいにしなくては売れないかと思ったのに18円と言われ、8円も儲けることができるのです。

そのとき、にこっと笑うといけないと思って、苦虫を嚙みつぶしたような顔をして、「いやぁ、しんどいですけど、やらしてもらいます」と言ったものです。

相手にしてみれば20円も30円もするものではないかと思って、おそらく値切ったつもりで18円と言われたのでしょう。

そのときに売値を決めるということは大変難しいことで、その決まり方にはいろいろあるということに私は気がついたのです。

それ以来、私は誰もつくっていない品物をつくっているものですから、値段は品物が持っている価値で売ろうと思い始めました。いくら10円の原価がかかっていると言っても、それを使う人が10円の価値を認めてくれなければ買ってくれないわけです。逆に18円で買っても相手がまだ儲かると言うなら、それは品物に18円の価値を認めてくれたということになります。つまり、私の製品に対して8円しか価値を認めない人もいれば、18円の価値を認める人もいるということを考えても、お客さんに利益をもたらすようなものをつくれば、喜んで買ってもらえるのだと思いました。

事業経営をしていて、薄利多売で安くたくさん売って儲けようとして、それがうまくいかなかったケースもあれば、価格を高くし、あまり売れないでつぶれるというケースもあるというように、この値決めというのはなかなかうまくいかないものです。この値決めは経営そのものであり、また、大変難しいことなのです。

7 経営は強い意志で決まる

～経営には岩をもうがつ強い意志が必要

七番目は、「経営は強い意志で決まる」というものです。経営には岩をもうがつ強い意志が必要です。

経営というのは意志で決まると思います。すばらしい経営者と普通の経営者との違いというのは、この意志を持っているか持っていないかということです。

つまり、優れた優秀な経営者というのは、すごく強固な意志を持っている経営者で、一方、普通の経営者というのはそれほど強い意志を持っていないということです。

経営というのは予測し得ない要素が非常に多いものです。

事業目標を立てて、今年の売上はいくらにしよう、経費はどのくらいに抑えようと思っていても、神ならぬ人に一寸先は見えません。不景気になったり、いろいろなことが起こります。

つまり、不確定要素があまりにも多いのです。不確定要素が多い中で、経営者として会社の従業員を集めて、今年の売上はいくら、経費はこのくらいに抑えてこういう利益を出そうということを宣言し、ベクトルを合わせて頑張らなくてはならないわけです。

しかし、決めた目標というのは、不確定要素をあまりにも含んでいる。1年後の原料価格はどうなっているのか、また、市場はどうなっているのか。そういう予測できないことがあまりにも多いにもかかわらず、会社として私は今年の売上はこうしたい、そして、利益はこうするつもりだ、経費はこう抑えるつもりだ、というようなことを従業員にも言い、一方、上場している企業だと、証券会社、一般の投資家、株主の人たちに、言わなくてはならないわけです。

そして、その株主や投資家の方々は、その経営者の言ったことを信用して株を買うわけです。それなのに、「私はそうしようと思っていたのですが、景気が悪くなり、そのうえアメリカでテロ事件が起こって……」と、言い訳をしていたのでは、投資をして、株を買っている人に大変な迷惑をかけることになります。

つまり、不確定要素があまりにも多いにもかかわらず、自分で決めた目標を達成することが、優秀な経営者にとっては絶対条件なのです。

ですから、経営というのは、先の見えない、わからないものを保証して、自分で「こうしたい」と言うわけですから、それはまさに、「私はこうしたい」という意志しかないのです。

客観的なものは何もないのです。

経営というのは、その人が思う、「私はこうしたい」という意志だけなのです。

1年終わった結果としては、事実、こうなりましたというのは事実なのですが、その経営をする前は、その人の意志だけなのです。意志が強くなければ経営者としては失格です。

実際の経営というのは、もし担当の事業部長がそれを実行できないなら、社長である自分自身が乗り出していってでも、それを実行してみせるというような、戦国武将が持っていたような非常にパワフルな実行力、強烈な意志が本当は要るのです。

会社でもスポーツでもサークルでも何でもいいのですが、集団をつくって何かを一緒にしようとする場合のリーダーやトップの人は、集団を引っ張っていかなければなりませんから、この強い意志を持っていなければ、ダメだと思います。

8　燃える闘魂
～経営にはいかなる格闘技にも勝る激しい闘争心が必要

その次も同じようなことですが、八番目は「燃える闘魂」です。

経営をしていく場合、特に株式上場していくというような場合は、この燃えるような闘魂が必要です。

どんな激しい格闘技の選手が持っている闘争心にも勝るとも劣らないような闘争心、闘志が要るというふうに、私は言ってきました。

昨今、女性の起業家がどんどん現れてきていますが、女性であるにしても勇気というのが非常に大事なことです。

それは、なにもケンカをしなさいとか、向こう意気を強くしなさいという意味ではありません。

物事を決めるというのは、あるときには、従業員100人、200人の命運がかかるような決断をしなくてはならない。

そうすると本当に手足が震えるような、または、中には血の小便が出るというくらい悩んでものを決めるという、そういう大変厳しいものです。

そのときに燃えるような闘魂や激しい闘争心がなかったら、これはもう決めることなどできないのです。

9 勇気をもって事に当たる

～卑怯な振る舞いがあってはならない

経営12ヵ条の九番目は「勇気をもって事に当たる」です。これは、卑怯な振る舞いがあってはならない、ということでもあります。

七番目の「経営は強い意志で決まる」、八番目の「燃える闘魂」、九番目の「勇気をもって事に当たる」は、似たようなことですが、いずれも非常に大事なことです。

私は、鹿児島大学のときに空手部に2年ほど在籍して、空手をしていました。ですから、そういう点では、争うことをあまり怖がらないというところがあります。

経営の場合でも、物事を決めるときの勇気は、肉体的な強さというものと不離不即だと思います。空手をしていて肉体的に自信を持っていたことは、あとあと経営にとっては大変役に立ったような気がします。

ですから、昔、うちの幹部の人たちにも、空手を教えてあげようか、みなで空手くらいして、同時に精神的にも強いものを持つようにしようではないかと言ったことがあります。

ここで言う勇気とか闘魂とか、強い意志というのは、自然界によく見られるようなものです。

たとえば、野鳥が巣をつくって雛を育てているところへ、猛禽類の鷹みたいな鳥が飛んできたりして襲いかかることがあります。

そのときに、小さな親鳥が自分が到底敵いそうにない猛禽類に立ち向かっていく、そういう勇気です。

雛がいなかったら、怖くてとっくの昔に逃げている、または、体が縮まってしまって、すぐに猛禽類に襲われるようなか弱い小鳥の母親が、雛がいるときだけは、自分でも敵わないようなその猛禽類に立ち向かっていこうとするのです。

場合によっては、雛がいるやぶから飛び出して、反対のほうに飛んでいったり、怪我をして飛べないふりをして、注意を親鳥のほうにひきつけて、そこを襲わせるようにして自分の雛を守っていくということをします。

ここで言う勇気とは、そういう義務感とか責任感で、本来ならおとなしくて勇気がない人が、その勇気を奮い起こすということでもいいのです。

私には100人の従業員がいて、路頭に迷わすわけにはいかない。たとえ、ヤクザが乗り込んできて、理不尽なことを言おうと、ヤクザに刺されてもかまわないというくらいに、私は100人の家庭を守らないといけないという責任感がある、そういうもので勇気を鼓舞するのです。

もともと度胸などない人が、そういう義務感、責任感で自分を変えていくということができるのです。

せめて責任感と義務感を駆り立ててでも、集団を守っていくという勇気の持ち主でなければ、トップは務まりません。そうでない人が長に立った場合には、集団というのは大変不幸になっていきます。

事業を起こそうという場合には、ケンカが強かったり、度胸があったり、勇気があったりする人ばかりとは限りません。

自分がトップである以上は、どんな困難にも立ち向かうという、責任感から自分の勇気を奮い起こす、そういう生き方が必要だと思います。

10　常に創造的な仕事をする
～今日よりは明日、明日よりは明後日と、常に改良改善を絶え間なく続ける。創意工夫を重ねる

十番目は、「常に創造的な仕事をする」です。

今日よりは明日、明日よりは明後日と、常に改良改善を絶え間なく続ける。創意工夫を重ねるということです。

たとえば、自分の家は酒を仕入れて販売する酒屋だとします。昨今では、酒が自由販売になって、大変な値崩れをして困っている。自分はその跡を継がなければならないというケースもあるかと思います。

いずれにしてもそういう事業をやっていく中で、酒屋を今後も続けていっていいものだろうかと悩むわけです。

私は会社を経営していく中で、会社を安定させるためには、多角化が必要だと思いました。

私の場合は、セラミックスというものをつくって電子工業分野に販売していましたが、電子工業が不景気だったら、たちまちうちの会社も不景気になってしまう。それは困るので、その同じセラミックスを産業機械の分野にも売ろうと思いました。エレクトロニクスの分野は今年は景気が悪いが、産業機械の分野は非常に好況だとすれば、それでもって会社は安定する、つまりつくっている商品の多角化をし、多品種のものをつくろうと思いました。

次から次へと新しいものを開発することによって、企業を大きくしていこうと、私はしたわけです。

京セラ本社に「京セラファインセラミック館」というものがあります。そちらを見ていただければわかると思いますが、京セラの場合、本当に次から次へと新製品開発をしてきました。創業以来そうしてきたものですから、社員には技術革新にチャレンジするということが遺伝子としてインプットされています。

それのもとになったのは、ここにある「常に創造的な仕事をする」という姿勢なのです。

毎日毎日、1年間で365日、創造的なことを考えていると、1年間も経つととてつもない変化が生じてきます。

私はそれをわかりやすいように、よく、掃除に例えて説明しています。

もし掃除をするなら、今日はこっちからこう掃いてちりを集めよう、明日はもっと向こうのほうから掃いてみようか、こんなホウキではダメだから今度は別のホウキに替えてみようかと、毎日創意工夫をすると思うのです。

そんなふうに365日も考えていますと、することがなくなってしまうと思います。しかし、それでも、もっとよい方法はないものだろうかと、次から次へと考えていくのです。そうすれば最終的に、想像もつかないようなところまで考えが行くのです。

作業でも技術開発でも同じで、そうして毎日毎日、創造的なことを常にしていくと、とてつもない大きな技術開発ができると思っています。

今日の京セラがファインセラミックスに始まり、太陽電池、通信機器といったあらゆる分野に事業展開している、その技術の幅が広いというのは、何のことはない、みんながそういうことは不可能だと思っていたことをしてきただけなのです。

それは毎日毎日、少しずつの改良改善をし、創意工夫をして、すばらしい技術開発をした結果なのです。

11 思いやりの心で誠実に

～商いには相手がある。相手を含めてハッピーであること。皆が喜ぶこと

十一番目が、「思いやりの心で誠実に」です。

商いには相手があります。ですから、相手も含めてハッピーであること、みなが喜ぶことが大変大事です。

具体的な経営について、今、10ヵ条まで言ってきましたが、そういうもの全体を包むのは、トップである経営者が持つ思いやりの心、つまり優しさです。真面目で誠実というのは、経営者の基本です。自分だけよければいいというエゴイスティックな考え方、または不誠実で誠意のない人、そういう人では、経営というのは決して成り立っていきません。

ビジネスの世界というのは約束事で成り立っています。契約の社会です。契約社会

の中では、誠実さというのが大変大事なことです。

その誠実さが疑われるようでは、契約は成り立っていきませんし、自分が儲けたいと思うなら、相手だって儲けたいと思っているものですから、思いやりがなければなりません。


江戸時代の中期に、京都に石田梅岩という商人がいました。

石田梅岩は亀岡の出身で、京都の中心にある、室町西陣の着物の問屋さんに丁稚奉公で入って、番頭にまでなった人なのですが、晩年は石門心学というのをつくって、今の私みたいに経営哲学を京都の商人たちに説いていました。

江戸時代、つまり、日本が封建社会のときには、士農工商という身分制度がありました。一番偉いのは武士、その次は農民、その次は工業に従事する人、一番下の階層が商人という、士・農・工・商という階級制度で、一番身分が低いとされた商人というのは少し蔑視をされていました。

そういうときに、石田梅岩は、その商人たちを集めて、「一般の武士や世間の人たちは、商売人が利益を得るというのは、嘘を言って利益をくすねていると見ていますがそうではありません。我々商人が利益を得るということは、武士が禄《ろく》を食《は》むことと同じで、決して曲がったことではない。しかし、道を外れて、人間として恥ずかしいことをして利益を求めてはいけません。公明正大に利益というのを追求するべきなのです」と言っています。

同時に、彼は思いやりの心をこう言っています。「実《まこと》の商人は、先も立ち、我も立つことを思うなり」と。商いというのは、自分も儲けて競争する相手も儲けるもので、自分だけ儲かって相手が損をするのは商いではないと説いています。このような「商業道徳」というものを石田梅岩が説いている通り、思いやりということは大変大事です。

思いやり、優しさでは、厳しい経済社会の中で生きていけないのではないかと思われるかもしれません。

先ほど言ったように、経営では誰にも負けない努力をし、ものすごく強烈な願望を持ち、闘争心を燃やして頑張っていくのですが、その経営者が心の根底には優しい心を持っているということが大事なことなのです。

「情けは人のためならず」という言葉がありますが、本当に人間として優しい心根というのがベースになければ、ただ単に勇ましくて強くて頑張るというだけでは、本当の経営にはならないと私は思っています。

12　常に明るく前向きに、夢と希望を抱いて素直な心で

最後は、「常に明るく前向きに、夢と希望を抱いて素直な心で」です。

これは、経営者として大変大事なことです。経営者として一番大事なことは、常に明るく前向きに夢と希望を抱いて素直な心でいることです。

トップに立つ人、特にベンチャーのトップの本人自身が、一寸先は見えないし、不安になるわけです。不安であればあるだけ、トップの本人自身が、常に明るく振る舞わなければ、少数であろうと従業員たちを引っ張っていくことはできません。

この「常に明るく前向きに」というのは、集団を引っ張っていくためだけではありません。明るい心にはラッキーが宿るのです。

暗い、うっとうしい心には、決してラッキーは宿りません。仕事や人生がうまくいっている人というのは、決してうっとうしい顔をしてはいないはずです。

同時に、自分の人生に夢と希望を持つということが大事なのです。

私は、若い頃から学校を卒業するまでは大変不運な人生でしたが、学校を卒業してから後は、「私の将来にはすばらしく明るく輝くような未来がきっと来るはずだ。それは私みたいに一生懸命頑張っている人はいないから、きっと神もそれを助けてくれ

るはずだ」というように、勝手に思い込んで、自分で言い聞かせて生きてきました。それはその通りになったように思います。

つまり、たとえ今、どんな逆境にあろうとも、どんな不幸な目にあっていようとも、自分の置かれた環境を暗く思わないで、自分の将来はすばらしい人生が開けていくのだと信じて生きていくということが大変大事です。

同時に、最後の「素直な心」というのも大変大事です。これは子どもに向けた言葉のようですが、大人にも当てはまります。

素直という心だけが、進歩をもたらす心なのです。ひねくれていたのでは、学ぶこともできません。学ぶには、素直な心がなければ学べません。ですから、素直でない人の場合には、絶対に進歩しません。赤ん坊のように明るくて素直な心を持っている人は、年がいってもいくらでも発展して伸びていく人です。

松下幸之助さんは小学校の4年生までしか行っていないのですが、「私は耳学問で」と、いろいろな人から教えを乞うていました。年がいって偉くなっても、「わては学問がおまへんさかい、どうぞ教えてくれやっしゃ」とこう言って、若い人たちからいろいろなことを教わっていました。

晩年、80代になってでも、教わるということ、知らないということは恥ではないと素直さを出して、皆さんから教えてもらうということをしていたその人が、あれだけのすごい会社をつくって、経営をされていました。

素直な心というのは、大変大事なことです。特に、今から伸びていく皆さんのような人にとっては、なくてはならないものだと思います。

＊本章は２００１年10月10日に行われた鹿児島大学工学部「京セラ経営学講座」を基に再構成しています。

第6章 稲盛フィロソフィの力

（鹿児島大学 稲盛アカデミーより）

「稲盛研究」の四氏による
パネルディスカッションをここに再現

私たち鹿児島大学 稲盛アカデミーが2016年に開催した第4回シンポジウムでは、本書の第1章にも収録されている通り、稲盛和夫名誉会長が「今、君たちに伝えたいこと」と題した基調講演を行いました。

実は同シンポジウムでは、「稲盛フィロソフィ：何を研究し、どう教育するか」というテーマで、4人の教授によるパネルディスカッションも実施しました。

このパネルディスカッションでは、稲盛フィロソフィが重要であることの意味を、経営人類学、経営哲学、企業倫理、管理会計学など、稲盛研究最高峰ともいえる4人の先生方が論及されました。

コーディネーター役を務めたのは、公立鳥取環境大学経営学部教授で京都大学名誉教授の日置《ひおき》弘一郎教授です。日置教授は、従来の経営学の枠にとどまらない、経営学と文化人類学を融合した「経営人類学」という新しい学問分野を提唱されています。

続いて3人のパネリストを紹介します。

1人目は、麗澤大学大学院経済研究科教授、経済学部教授の髙巖《たか》教授です。髙教授には、『女子高生と学ぶ稲盛哲学―豊かな社会と人生の方程式―』という著書もあります。経営哲学、企業倫理の立場から発言していただきました。

次に、神戸大学大学院経営学研究科教授の三矢《みや》裕教授です。三矢教授には、『アメーバ経営論』、『アメーバ経営が会社を変える』などの著書があり、日本におけるアメーバ経営研究の第一人者です。現在はアメーバ経営学術研究会の委員長も務められています。三矢教授には管理会計学の立場から、特にアメーバ経営を中心とする稲盛研究の話をしていただきました。

最後に、立命館大学MOT大学院教授、稲盛経営哲学研究センター長の青山敦教授です。立命館大学の稲盛経営哲学研究センターは、2015年の5月に設立されました。同研究センターでは、稲盛経営哲学を経営学、哲学、心理学、社会学等の各学術分野から総合的に研究し、経営哲学の普遍化、一般化に取り組んでおられます。青山教授には『京セラ稲盛和夫　心の経営システム』という著書もあります。本章では、稲盛研究の最高峰に位置するこの四氏によるパネルディスカッションを紹介していきます。

［日置］公立鳥取環境大学の日置と申します。こういう公開シンポジウムのコーディネーターを時々やるんですけれども、先ほどの基調講演（第1章に掲載）を聞いていますと、学生さんの質問が非常にいいところを突いていたと感じました。

さて、今日はこういう非常に豪華な顔ぶれでパネルディスカッションをしていきます。それぞれ専門は違うけれども、稲盛研究においては、それぞれ相当に深く突っ込んだ人たちです。

だいたい学者というのは、簡単なことをできるだけ難しく言うというのがものすごく得意なんです。でも今日はこの皆さんに、難しいことを簡単にしゃべってもらうという無理難題をお願いしようと思っています。

それではまず髙さんから、「なぜ稲盛哲学《フィロソフィ》は社会を動かせるのか」というタイトルでご報告をお願いします。

髙巖教授：なぜ稲盛哲学は社会を動かせるのか

［髙］　紹介いただきました髙といいます。稲盛哲学といえば、ご本人がいるところでこういう言い方は変かもしれませんけれども、だいたい人生哲学、あるいは経営哲学。特に今日の第一部でのお話（第1章）では、人生哲学のエッセンス中のエッセンスをお話しいただいたと思います。

私自身、むしろこういう観点から稲盛哲学を捉えたいというふうに思っています。「社会哲学」ということです。

社会哲学とは何かというと、社会はどうあるべきか、ということを考える、こういう学問です。哲学です。言い方を換えると、どのような社会であればそこで生活する人たちは幸せになれるのか、という学問です。

この学問は、ヨーロッパの思想の話をしますけれども、中世ヨーロッパではこんな議論はまったくなかったんですね。社会はどうあるべきか、といった議論です。

なぜかというと、すでに法王がいて、国王がいて、領主がいて、社会のピラミッドの上に立つ人が命令、オーダーを出して、社会の中にオーダーに基づく秩序をつくっている。だからそこで生活する人たちは、社会はどうあるべきかなんて考える必要はなくて、言われた通りに生活していればよかった。

これが中世ヨーロッパの特徴なんですね。それ以降、ルネサンスがあって、大航海時代を経て、社会はだんだんと変わっていく。宗教改革があって、市民革命があると。そうすると初めて、社会が壊れるわけですよ。上にいた国王もギロチンで首をはねられてしまいます。

そうすると、秩序の源泉がなくなってしまったために、学問として、社会はどうあるべきかと、こういう学問、社会哲学という議論が始まるわけです。いろんな論者が出てくるんですけれども、庶民に受け入れられたのはこれです。一番簡単な、功利主義というものです。

功利主義で問題となる二つの落とし穴

功利主義とは何かというと、内容は、今日の第一部の話とはまったく違うんですけれども、要は自分の快楽を増やしなさい、不快に思うことはどんどん避けていいよと。自分自身で幸福を追求しなさい、どんどん追求しなさい。ただし条件として、他人の自由を侵害しない範囲でという、こういう考え方です。

中世の抑えつけられた時代からみんな解放されて、この思想が大歓迎された。さらに重要なことは、幸福といっても、「こういう生き方が幸福ですよ」とか、そういうことを他人に言われる筋合いはないと。自分で幸福の中身は決めていいんだという思想が功利主義なんです。

では、政策として、個人のレベルで、これは私自身も抵抗があるんですけれども、仮にこれが個人のレベルで受け入れられたとします。これを社会のレベルで考えてこの考え方がどういうスローガンに変わるかというと、皆さん方はよくご存じだと思います。「最大多数の最大幸福」というのが政策になってくるんですね。

最大多数の最大幸福というのはいろんな方が勉強されてて、限界は何なのかというのはよくわかると思います。全体の満足が大きくなる政策であればいいと。

今ここにいらっしゃる皆さん方の満足度が１００だとします。私がある何かをやってこれが２００になったら、私がやったことは倫理的に正しいという理屈になるんですね。ここにいらっしゃる皆さん方の満足度の合計を出す。

でも、これの落とし穴は何かというと、二つあります。

たとえばアメリカ社会。数字で計算したことはありませんけれども、奴隷を使うことで、そこで生活をしている人たちの生活がより豊かになって満足度が大きくなるとします。奴隷のマイナスも合算して合計がより大きくなるときには、「奴隷制度、いいよね」という話になっちゃうんです。

つまり、少数派の利益を無視する思想になってしまう。

それから、さらに、大きくするのはいいんですけれども、この社会の中で得た利益、あるいは果実をどうやって分けるかという思想がこの中にはないんです。

自由至上主義における限界とは?

そこで、功利主義に限界があるということで、社会哲学としてちゃんと形を整えてくるのが、これからお話をします自由至上主義です。

自由至上主義は、政府がみんなの満足度を高めるようなことはやらなくていい、もう市場に任せればいいんだという考え方です。

マーケットに任せれば、少数派の自由を無視すること、利益をないがしろにすることはない。少数派の人たちも自由に自分で決められるじゃないか。その仕事はやりたくないということであれば、やらなくていいわけですよね。

ですから、市場に任せれば少数派の自由も保証される。さらには、自由にマーケットに任せれば、努力した人はその努力の分だけ報われると。これを稲盛名誉会長の方程式を借りて表すと、こういうことだと思うんです。

仕事の結果＝熱意×能力

仕事の結果というのは、世の中、社会に出て働けば何らかの報酬を受け取るわけです。社会の中で得るもの、それはどうやって得られるのかというと、個々人の能力と熱意を持って努力した場合に、これが決まる。これで社会は公正に配分がなされる。こういう思想なんです。

ところが、常に自分が納得いくような公正な配分が行われないことがある。あの人はたいして努力してないのに、たくさんもらっている。私はこんなに努力しているのに、という人たちが出てくるわけですね。

その場合には何を認めるかというと、各自は権利を行使して誤っている状況を正しなさいと、これが自由至上主義です。

この考え方でも、やはり限界はないかということが出てきます。

マーケットに任せると自由に取引ができる、それぞれの自由な意思に基づいて、ということが前提なんですけれども、実は本当にそうなのかというと、そもそもスタートラインが違いますよね。

もともと裕福な家庭に生まれた人と、貧しい家庭に生まれた人たち。優位にある人と劣位にある人。こういう人たちが取引をするときに、当然優位にある人から要求されることを聞き入れざるを得ないじゃないですか。納得がいかないけれども、その人の言うことを聞かなかったら仕事がないとか。

そういう意味でスタートラインが違うから、自由至上主義に任せると格差はどんどん開いていくことになる。

ここに限界がある。自由に基づく取引ではない。弱者に冷たい社会をつくる。

というのは、社会哲学というのは「こういう社会であるべき」という哲学だと言いましたけれども、これを単純に受け止めて、「いや、この世の中で成功している人たちは、能力があって努力したからだ」と。

おそらく、それはある程度言えると思うんですけれども、逆を言えば、この社会でうまく成功していない人たちは、「あなたが失敗したのは、それは自業自得だよ」と。「あなたに能力がないからだ」、「あなたの努力が足りないからだ」と、こういう理屈になってしまうわけです。

そういう意味で、非常に冷たい社会をつくる可能性だってある。

この自由至上主義というのは一見よさそうだけれども、これにも限界がある。では、これを克服するためにというので、次に出てきたのが社会自由主義です。

社会自由主義では政府による調整が大きな影響を持つ

その内容ですが、それはマーケットに任してしまうんじゃない。政府が、市場に限界があるんだから、時折介入し調整すればよろしい。政府が、社会的な弱者がいた場合、社会の底辺に人がいた場合には、その人たちに何らかの手を差し伸べて、できるだけ上に上がれるようにしてあげる。

それから、富と所得というのをマーケットに任してしまうと歪んでしまうから、政府が、たくさん所得のある人からはたくさん税金をいただく。累進課税というものですね。相続も、財産が大きな人は、相続税でたくさんいただいて再配分する。社会自由主義というのは、こういう思想なんですね。

どっちの社会哲学がいいのかというのは、皆さんのご判断にお任せします。

これを方程式で表すと、仕事の結果というのは、自由至上主義では、熱意×能力でしたが、これに「政府による調整」という変数が加わります。掛け算で表すのはおかしいかもしれませんが、次のようになる。

仕事の結果＝政府による調整×熱意×能力

その調整とは、所得のある人からたくさん税金をもらって、その後、もらったものを、予算執行し、社会の中に再配分するわけですね。こうやって社会をつくりあげていくというのが、社会自由主義です。

この内容は、さらにもう一つ言いますけれども、政府は本当に調整をやっているかという問題が生じる。もしやっていないと思う人がたくさんいれば、各自は権利を行使し、国はおかしいと、改めろといって是正を迫る。社会自由主義とは、こういう思想です。残念ながらこの自由至上主義と社会自由主義の二つが、日本も含めて、世界全体に大きな影響を与えているんです。

さあ、社会自由主義には限界はないのかということですけれども、これはどうですか。政府はたくさん所得のある人からたくさん税金を徴収する。バランスというのがあるでしょうけれども、これをやりすぎたら、社会の活力がなくなってしまいます。

それから、政府が肥大化すると、日本の中ではそんなに政府が大きくなっても異常なことは起こらないと思うかもしれませんが、世界レベルで見ると、途上国や新興国では、政府が大きくなればなるほど、不正が起こるんです。

たとえばナイジェリアという国では、石油の収入が莫大です。その莫大な収入に基づいて国家予算を立てるんですけれども、反政府武装組織であるボコ・ハラムが数年前、３００名弱の女子生徒を誘拐した事件をご存じでしょう。あの事件があったときに、すぐ予算を立てたんです。予算を組み、また実際に前線に兵士を送った。けれど、武器や弾薬は十分に届かなかったんです。なぜかというと、予算が組まれると、政治家や官僚などが、上から順番にネコババしていくからです。

政府が大きいと結局そんなことになる。だから政府が大きければいい社会になるかというと、話はそう単純ではないんです。

これらの限界を克服するにはどうしたらいいか。これに対し、よく言われるのは「だから政府主導ではダメ」「市場に任せるべき」ということです。

自由至上主義と社会自由主義は水と油の関係にある

この自由至上主義と社会自由主義の二つは、水と油の関係にあるということです。どっちも批判し合っている。どっちも批判し合っていて、社会がうまくいっていれば、それで特に問題はない、特に議論する必要もないでしょうが、どうでしょうか。

この二つの考え方が明確に対立する国というのは、アメリカです。単純に言いますと、共和党と民主党ということです。

それぞれが自由至上主義と社会自由主義の立場に立っているわけです。これはヨーロッパでもそうです。日本でも、自民党のほうが強いですけれども、民進党というのがありますよね。

どこの国も同じような状況にあるんですけれども、たとえばアメリカを見てみます。うまくいっていればいいんです、この国が。

所得の格差。ジニ係数（社会における所得分配の不平等を測る指標）というのがありまして、これを0から1の幅で見ます。0・4を超えると、その社会は一気に不安定になっていきます。アメリカは0・39、ぎりぎりのところに来ていますね。格差が拡大していくというのは、アメリカが抱えている深刻な問題なのです。

それから、格差が拡大することとも関係するでしょうけれども、治安の悪化です。9・11米同時多発テロ以降、隣人を疑うしかないとか、監視カメラや盗撮が横行する。世界的にはＩＳ（イスラミック・ステート）の台頭だとかね。アメリカ国内の問題もあるし、あるいは世界の治安の問題というのも出てきている。

それから、社会はバラバラな個人からなる社会を前提にしてつくっていますから、個人と個人の間での何らかのいさかいが生じたら、それは司法の場で争って片づけるという考え方です。ただし、お金のある人が裁判では勝つようになっています。こういう社会が望ましいのかどうか……。

従来の社会哲学だけでは、問題は解決できない。だから余計なことかもしれませんが、ドナルド・トランプという人が、大統領として出てくるんじゃないでしょうか。

旧来の社会哲学が共通して持っている三つの前提とは？

ここからが一番重要なことなんですけれども、だから従来の社会哲学だけで問題が解決できないとするならば、まったく新たな社会哲学というものが必要じゃないかということを、私は言いたいんです。

そうすると、従来の社会哲学を二つ挙げましたけれども、それが共通して持っている前提があるんですが、新しい社会哲学、つまり第三の社会哲学というのは、それらの前提とはまったく異なる前提の上に立ったものでなければいけないわけです。

では、過去の二つの社会哲学に共通する前提とはどのようなものでしょうか。

三つあります。社会は、独立したバラバラな個人からなるものということを前提にして、社会のあり方を考えているんです。これが一番目の前提。自由至上主義も社会自由主義もこの前提に立っている。

それから、特定の価値をよいものとして提唱してはならないという考え方です。不思議でしょう。なぜかというと、特定の価値がよいものだということを、ある特定の人間が決めて提唱すれば、それが社会の不公正をもたらすと考えるためです。

簡単にいうと共産主義なんかがそうです。こういう社会がいいんだと言って、ある特定の価値を掲げてやると、その価値を提唱した人間の独裁が始まるということです。だから特定の価値は唱えてはいけない。こういう前提に立っている。

それから三番目。先ほど言いました、自分が思ったような結果が出ないときには権利を行使して、数年のうちに清算する。この考え方です。

今、三つ前提があると言いました。では、この伝統的な二つの哲学と替われるもの、あるいはこれを補えるものは何かというと、この三つとは異なる前提を持っている哲学ということになります。

稲盛哲学にこそ旧来の社会哲学の限界を補う新たな視点がある

先ほど飛ばしましたけれども、まさにそれが稲盛哲学なんです。

あまり細かなことは申し上げませんが、簡単に触れますと、稲盛哲学はアリストテレス哲学に非常によく似ているんです。

稲盛哲学とアリストテレス哲学は、どちらも関係の中にある人という見方で個々人を捉える。一人ひとりをバラバラな人とは捉えない。

だから、人との関係の中において何をすべきかということを考える。それから特定の価値の提唱。方程式で「善き考え方」というのが重みを持ってくる。

もちろんこういうふうに言うと、先ほど自由至上主義や社会自由主義は「特定の価値を唱えると、ある者による独裁が始まる」と言いましたので、二番目の特徴ってよろしくないのではないかと思う人がいるかもしれません。その場合には、私のところに質問しに来てください。ちゃんと反論できますので。稲盛哲学で言っている特定の価値というのは、そういった議論にはのらないものです。

そして三番目です。いいですか。自分の思うようにならなかったら数年で清算するという思想じゃないですよ。人生の長い流れの中で、いろんな困難があっても、それを通して、それをどう受け止めて、それを乗り越えていって、そして最後に清算する、という思想じゃないですか。これらは今言いましたように、稲盛哲学のエッセンスです。方程式で表すと、次のようになります。

仕事の結果＝考え方×熱意×能力

しかも、名誉会長は、「仕事」の前に「人生」と付け加えます。

人生・仕事の結果＝考え方×熱意×能力

仕事の結果と言った場合、比較的短期で物事を考えてしまう。でも、「人生・仕事の結果」となっている。私は、社会哲学として、この点も新たな視点ではないかと思っています。またそれだけに、稲盛哲学は、伝統的社会哲学の限界を十分に補い得るものだと感じています。

［日置］どうもありがとうございました。次に三矢さんにお願いしたいと思います。よろしくお願いします。

三矢裕教授：管理会計学から見るアメーバ経営の真髄

［三矢］本日、私からは、稲盛さんがつくりあげられたアメーバ経営について、自分の専門である管理会計学の立場からお話しさせていただきます。

アメーバ経営といっても、どう捉えるかによって見え方が違います。

20年以上前、大学院生のときにアメーバ経営の研究を始めて以来、私は「任せる経営」という点に注目してきました。稲盛さんは京セラやKDDI、のちのJALで立派な経営をされ、すばらしい成果を挙げられました。

しかしながら、あれだけの大企業を稲盛さんがたった一人で見て、経営判断できたわけではありません。

稲盛さんのすごいところは任せ方です。会社を、アメーバと呼ばれる10人から数十人くらいの小さな組織に分け、そのリーダーにアメーバの経営を任せます。そしてそれをやるための前提として、自分と同じように考えて判断ができる、ものすごい数のリーダーを、社内に育てることができました。

リーダーを育成するためには、まず経営者の考え方であるフィロソフィを定めて、それを教育しなければなりません。

しかし会社の朝礼などでフィロソフィを唱えるだけでは、実務の現場で具体的にどのように意思決定をして、どうアクションにつなげればいいかがわかりません。

そこで、任せる経営をやりやすくする工夫が必要となります。

その一つが管理会計、もう一つが組織です。私は、フィロソフィ、管理会計、組織を見事に組み合わせながら任せる経営を行ったという点が、他の経営手法とアメーバ経営との大きな違いだと思っています。今日は時間が限られておりますので、その中でアメーバ経営の管理会計についてお話をいたします。

内部管理のための管理会計では、各社ごとに違いを出すことができる

まず、管理会計といっても馴染みのない方もおられると思います。

会計といってまず思い浮かべるのは、決算などで公表される財務諸表でしょう。これらは財務会計です。

株主、銀行など社外の関係者へ、たとえば4月から翌年3月の1年間といったように、過去に行われた会社の活動成果を報告するためのものです。

各社が違う形でやってしまうと、見る側からすると大変なので、形式が法律で定まっています。財務会計で大事なことは正確性です。これを改ざんしてしまうと不正会計や社会問題になります。

一方、内部管理のための会計が管理会計です。経営者や部門の管理者にとって会計数値を使って計算すれば、A案とB案、どっちの投資案件のほうが企業を成長させるのかというようなことがわかり、意思決定が行いやすくなります。

もう一つが業績管理の側面です。業績評価と連動させて、今期の売上目標やコストダウンを何円と定めると、その目標値を達成しようとみなが頑張ります。

管理会計というのは、社内のことなので法律には縛られず、自分たちに有用、有益であれば自由に変えてもいいのです。

たとえば毎月の集計を正確にやるにはすごく時間がかかります。それだと意思決定が手遅れになります。管理会計では、正確性を多少犠牲にしてでも、適時性つまりスピードを重視することもあります。

管理会計というのは各社ごとに違いを出せます。この違いこそが企業の力の違いを生み出すのです。

誰もが簡単に使えるアメーバ経営の管理会計

アメーバ経営の管理会計の特徴は、任せる経営がしやすくなるようにつくられています。簿記の勉強をしている人も、もしかしたらいるかもしれません。でも会計というだけで、何かルールが面倒くさいという印象じゃないでしょうか。

アメリカの企業などが典型的ですけど、管理会計というのは、MBA（経営学修士）を取ったようなすごく優秀な人、トップ層が使うための専用のツールというふうに考えられています。

一方、特別な経営や会計の教育を受けていない現場の人たちというのは、会計は難しいから使い方がわかりません。

使えない人には会計情報を与えても意味がありません。すなわち、現場の人には、「あなたは意思決定しなくていいです。トップの人が決めたことを、決められた通りにやってください」と言っているのと一緒です。

それに対してアメーバ経営というのは全員が主役です。

稲盛さんがよく言われるのは、自分の髪の毛をフッと吹くと、それが自分の分身となる例え話です。

そして稲盛さんになり代わって、分身が会社の中のさまざまな事業や各地の工場などで、今度はリーダーとして経営の意思決定をします。

このリーダーには、いわゆる現場で働くような作業者の方も含まれます。ということは、現場の人でも使える管理会計が必要になります。

稲盛さんご自身が鹿児島大学の工学部出身のエンジニアで、会計学の勉強はされていませんでした。そこで、誰でも使えるような管理会計はないかと探した。その結果、見つかりませんでした。驚くことに、そこで稲盛さんはご自身で、任せる経営のための管理会計をつくりました。

これは単純で容易な、いわゆる家計簿のようなものです。

家の中では、簿記の勉強をしていない主婦の方も家計簿をつけ、使っています。たとえば1ヵ月にビールを30本買ったとします。そのうち20本飲んで、10本は余ったとします。

そのときに、普通の会計のルールでは、今月の費用は20本分だけ。そして残りの10本は棚卸資産というところに持っていきます。

これは結構手続きがややこしくなります。我が家もそうなんですけど、家計簿の世界でどうなるかと言えば、30本買ったら、飲みきっていようがいなかろうが、今月のビール代は30本分。その代わり、「来月はあまり買わなくていいから、ビール代はもっと安くなるよね」というような発想で、手続きが非常に簡単です。

家庭ではそれでもいいんですけれども、稲盛さんのすごいところは、この家計簿的なものを会社の中に持ち込んだというところです。京セラではエリート以外の現場の人も、この家計簿的な管理会計を使って意思決定をします。

誰もが簡単に使える、単純で理解が容易な管理会計というのは、この管理会計の世界にとっては非常に大きな革命だったというふうに思います。

忙しさが乾く前に反省することができるアメーバ経営の日次決算

そしてもう一つが日次決算です。

多くの会社は、部門の会計数値は1ヵ月単位で、月末に一度だけ集計します。たとえば9月であれば、今日は月末ですけど、その後10月10日ぐらいまでかかって集計が行われます。その後に、会議があります。ここで仮に、先月は月次目標に対して売上実績は目標通り、プラスマイナスゼロだったとします。

プラスマイナスゼロというのは問題がなかったように見えます。でも、毎日単位でこれを見ていくと、もしかしたら目標に対して、初日がプラス10万円、2日目がマイナス10万円、3日目がまたプラス10万円、マイナス10万円、これの繰り返しだったかもしれません。

月で締めると差引はゼロなんですけれども、本当はプラスの日にはプラスの理由、マイナスの日にはマイナスの理由があったはずです。

ただし、数字というのは足し算引き算で相殺されてしまいますので、1ヵ月まとめて返すと、どこに問題があるかを発見することができません。いわゆるエリートでもない普通の人にとっては非常に利用しづらいものになります。

アメーバ経営の場合は日次決算を行います。前の日の結果を次の日にすぐにフィードバックしてあげます。そしたら、「あ、今日はマイナスなんだ」。そしたら、「どこに問題があったんだろう」ということになる。まだ、昨日の仕事の記憶が残っていますからね。昨日の仕事の仕方を全部思い出して、「あ、あそこだったのか」と。ちょっと機械の運転を間違った。あるいは、お客さんにうまくセールスができなかった。いろいろあるかと思います。

そこに「気づき」が生まれます。となると、問題点が発見できたら、次はその問題をつぶせばいいだけです。これを同じアメーバに属するみんなで知恵を絞って、改善案を見つけ出します。

ただし、当たり前なんですけど、これはまだ机上の空論です。

この改善案がうまくいくかどうかはわかりません。なので、翌日それを1日やってみます。実験をすると表現したほうが適しているかもしれません。

次の日、やっぱりマイナスでした。ということは、1日目のやり方もダメだし、2日目のやり方もダメだし、では、他のことを考えなければいけません。

また新しいことを考えて、3日目。ここでようやくプラスになったとします。つまり、この実験は成功、これが正しい、正解だったということになります。これ以後、月末までその改善案をずっと続けていけば、あとはプラスが積み重なっていくだろうと考えられます。

先ほど述べた月に1回、相殺されて何も見えない中で、問題発見できず、解決策を見いだせなかったケースと比べ、一日一日に細かく分けてあげることによって問題を発見しやすくなりますし、本当にこれで正しいかというのを実際に実験して、答えを見つけることができます。こういうやり方であれば誰でも正しい意思決定ができると思われます。

20年以上前に、鹿児島の国分工場で現場のアメーバリーダーさんが、「忙しさが乾く前に反省しないと定着しないよ」と教えてくださいました。

アメーバ経営では、管理会計を使い、エリートではない現場の人でも、自分の力を発揮して組織のパフォーマンスを上げていくことができるのです。

「エリートでない人でも無理なく使える」という点が非常に面白い

まとめると、家計簿にしろ、日次決算にしろ、稲盛さんが経営を任せるということを前提に、エリートではない人が無理なく使える管理会計をつくりました。この点が、管理会計を研究している私にとって、非常に面白く感じます。

それからもう一つ、多くの会社で行われている月に1回の月次の業績検討会議は、文字通り、業績が本当に好調かどうかを数字で確かめて、もし業績が悪かったら今後どういう対応をしていくかを検討する会議です。

私は、JALや、鹿児島空港をベースにプロペラ機の運航をしている日本エアコミューターに何度も行って、会議を見せていただきました。そこでとても印象的だったのは、会議の冒頭で司会の人が、「これはリーダーとしてのあるべき姿を学ぶための会議なんです」というふうに言われることです。

普通、人材育成や教育は人事部門の仕事です。こういう業績検討会議や管理会計を育成・学習のために使うというのは、おそらく世界中で京セラやJALだけではないでしょうか。

私は、アメーバ経営、管理会計という観点からお話をしました。

稲盛さんの哲学は、哲学者が生み出したものではなくて、経営者がつくりだしたものです。

しかもそれは経営の現場で実際に使われている哲学、いわばもうフィロソフィ・イン・プラクティス（philosophy in practice）というようなものです。

これを理解するためには、やはり経営の文脈、どんなシチュエーションで誰がどのように使っているかを理解しておかなければなりません。それに対して私の発表が多少なりとも情報提供となれたらいいなと思ってお話ししました。

【日置】どうもありがとうございました。それでは、3人目の青山さんにお願いします。

青山敦教授：稲盛経営哲学研究センターとは？

［青山］　立命館大学稲盛経営哲学研究センターの青山と申します。この稲盛経営哲学研究センターというのは、私だけがやっているのではなくて、立命館大学と、立命館の高校・中学・小学校が参加した立命館学園全体の取り組みですので、その全貌をご紹介していきたいというふうに考えております。

まずこのセンターには二つ大きな特徴があります。一つは、使命を持っている、明確な使命を持ったセンターということです。

高先生のお話で、今の社会、格差拡大だとか、国際的な紛争だとか、国内でも治安が悪化しているとか、そういうふうなことをおっしゃいましたが、私たちも、そういう危機感を持っております。

そのような現代文明が危機にあるという認識のもと、高先生の話にもありましたけれども、新しい社会哲学を基にして「よい社会」を実現できるのではないのかと、そして稲盛名誉会長のフィロソフィが、その新しい社会哲学になり得るのではないかと考えています。このような考えに基づいて、稲盛経営哲学というものを普遍化し、一般化していく研究をしています。

二番目の特徴というのは、私たちも実際に研究・教育を通じて、社会を動かすことを目指すということです。単に研究をするだけではなくて、稲盛経営哲学に基づく社会を実現したいのです。

そのために、稲盛経営哲学に基づいた新しい経営とか教育とか社会が、どのようなものになるのか。それを実際に制度として実現するにはどうしたらいいのか。あるいは、どういう制度になるのかという研究をしています。

さらに、そういう新しい社会を支える人材を育成したいと考えています。つまり研究するだけではなくて、研究を超えて、稲盛経営哲学に基づく社会を実現していきたい。この二つがこの研究センターの特徴であると考えております。

それで、研究をしていくうえでの基本的な方針というのを掲げておりまして、それは三つの方向性で研究しようということです。

一番目は、稲盛名誉会長の経営哲学としての側面ということから、企業経営という方向です。二番目は、社会哲学という観点から、市場経済、そして三番目はもっと基本的な、根本的な人生哲学としての生き方・考え方、この三つの方向で研究をしていくというのが、研究の方針です。

その研究を実際に遂行するために、まず私たちが、こういう研究テーマは大事だというものについては、私たちの研究センターが主導して研究をするということをしています。

もう一つ、私たちがすごく大事だと考えているのは、この哲学に基づいた社会だとか教育だとか、そういったものが日本の国内だけにとどまっていてはいけないということです。

問題があるのは日本だけではなくて世界にあるわけですから、この稲盛経営哲学をベースとしたものを国際的にも認められるようにしていきたいと考えているのです。そのために国際連携した研究プロジェクトを推進しています。たとえば、ニューカッスル大学でありますとか、ケースウェスタン大学とか、そういったところと協働して研究を進めています。このような研究成果に基づいて教育プログラムを開発し提供して、実践していく。それがこの研究センターの基本的な方針です。

研究によって社会を動かすには、普遍化と一般化、そして教育が欠かせない

次に、どういうふうに全体的に研究を進めて、それを、社会を動かすというところまで持っていくかという点です。

まず稲盛経営哲学の研究に必要な情報をきちんと整理するということが基本となります。

そのうえで経済学とか経営学とか、心理学、脳科学、哲学といった多様な学術分野から研究をしていく。

それで、治安悪化や格差拡大が生まれているのは、稲盛名誉会長のお話にもありましたように、正しくない「思い」をベースとしてしまっていることがあると思いますが、なぜこういうことになったのか、何が悪かったのかを解明する。そのような「思い」に基づいて人間性がつくりだされているわけで、「思い」と人間性の関係を明らかにしていく。

もちろん、稲盛名誉会長の哲学をより深く理解しないといけないと考えております。その理解に基づいて稲盛経営哲学を普遍化、一般化する。

そして、稲盛経営哲学に基づく社会あるいは教育、あるいは制度というのがどんなものになるのであろうかということを、市場経済、企業経営、生き方・考え方という三つの方向で明らかにしていく。

さらにそれを実現するために、「利他」や「足るを知る」という考えを持った人たちを養成する教育プログラムというのを考える。その人たちがこの新しい社会を支えていくのですが、それも大学とかそれ以降の高等教育機関だけではなくて、小学校、中学校、高校、そのレベルからやっていかないといけないと考えております。

具体的に、ご説明したいと思います。

まず、研究はどういうところからやっているかということです。

一番目として、企業経営については、京セラ、JAL、KDDI、それから盛和塾のメンバー企業などでの実践を通じて、なぜ稲盛経営哲学に基づく経営というのは強いのか、なぜ従業員に幸福をもたらしつつ利益もあげられるのか、あるいはそうするためには、どのように理念を浸透させるのか、思いを共有するのか、という研究を行っています。

また、稲盛経営哲学というのは日本にもともとある倫理観などに根ざしているわけですが、それを国際的に展開していくためには、もともと違う価値観、倫理観がある国や地域にも浸透させせなければなりませんので、その可能性について考える、そういう研究を行っています。

二番目は、より大きな、現代文明をどう救うかということです。「善き思い」ではない「悪しき思い」に根ざした今のグローバリゼーションや新自由主義の限界や欠陥を解明することによって、行きすぎた利己を抑制して、競争による活性化と利他を両立する市場および金融、経済の仕組みを提示したいと考えています。それから、今日も「どうしたら利他の心を持てるのでしょうか」という質問がありましたが、利他というものを、人間の脳科学とか神経科学の観点から解明していきたいと考えています。

三番目は、特定の価値観を与えないというのが髙先生の話にありましたけれども、もともとは資本主義と価値観、道徳観は、密接に結びついているわけで、「善い思い」、「善い価値観」とは何かを哲学的な観点から研究するということをやっております。

最後は、生き方・考え方ですが、稲盛名誉会長の哲学を、他の哲学との関係性から明らかにすることで、本質を解明して、それを皆さんにお知らせしたいと考えています。

次に、教育というか人材育成です。これはまず教材の開発です。しかし、よい教材があったとしても、それを教える先生方が、稲盛経営哲学を理解しないといけません。そこで、教員の方々に理解してもらうプログラムを実施しています。今は、立命館の附属校を中心に、稲盛哲学に基づく教育を実験的にやっているわけですが、それを広げていくということで、他の学校の経営者や先生に理解していただくための活動をしております。

さらに、利他など稲盛名誉会長の考え方を、子どもたちに知ってもらうための活動をしています。

まず小学生に利他の心を育てるということをやっております。立命館小学校での道徳の授業を中心に、人を思いやる利他の心を育てるにはどういう教材がいいのかを考えながら実践をしています。それから、従来の班活動をより充実した「アメーバ活動」に転換して、人格形成に大きな影響を与える幼少期向けの教育プログラムを開発しています。

次に中学校ですが、中学生を対象にしましては、稲盛名誉会長の人生に学ぶレジリエンス教育を行っています。レジリエンス教育とはどういうものかといいますと、人生にはいろいろ逆境というものがあります。

稲盛名誉会長も中学の受験に失敗して、大学の受験に失敗して、就職活動もうまくいかなかったというようなことがありますけれども、そういった人生から、逆境にあったときにどういうふうに生きるべきかを学ぼうというものであります。

最後、高校生向けとしては、ＪＡＬの改革を基に、働くという場で、働くとは何か、どういうことかというのを考えていこうというのをやっております。

四人の教授、それぞれが考える「利他の心」

［日置］それでは、最後に稲盛名誉会長の基調講演にもあったキーワード、「利他」というものを、より詳しく見ていくことにしたいと思います。最初に髙さんお願いします。

［髙］もう、皆さん方、よくご存じだと思いますけれども、次のように、人生・仕事の結果の方程式の中に、考え方という変数が入っています。

人生・仕事の結果＝「考え方」×熱意×能力

熱意とか能力というのは、プラスの、稲盛名誉会長はよく1から100までと言っていますけれども、私はわかりやすく1から10で考えてみたいと思います。熱意の幅は1から10まで、能力も1から10まである、と。

能力がたとえ1でも、熱意が10あればと、こういう掛け算の話ですね。考え方については、善き考え方と悪しき考え方というのがあると、こういう説明がされています。要は、前者の善き考え方というのが発想、利他的な配慮に該当するわけです。この点だけ申し上げておきます。

［日置］三矢さん、お願いいたします。

［三矢］フィロソフィの中で重要なものが「利他」ということで、「京セラフィロソフィ」と「管理会計：時間当たり採算」の関係について話をします。

大きな工場で、普通であればみんなで、全体で力を合わせて「その工場のコストはいくらだよ」ということになります。

一方、アメーバ経営では組織を小さなプロフィットセンターにどんどん分けていきます。アメーバ同士で売り買いをします。

つまり、一つの大きな会社の中にたくさんの小さな町工場のようなものが生まれます。

一個一個の工程が自分たちの食い扶持《ぶち》を稼げるよう、一生懸命頑張ります。

今までは一つひとつの業績が数字でしか見えていなかったところが、管理会計が入ってしまうとそれが全部見えてしまいます。

となると人間は、向こうの部門に勝った負けたになります。みなが頑張っている中で、自分の業績も伸ばそうとします。

しかしながらそのときにやってしまいがちなことが、他の人たちに迷惑をかけてでも自分の業績を上げようとする、というような行為です。これを部門最適と呼ぶこともあります。

私は、実はアメーバ経営というのは、ものすごく強い車のエンジンだと思っております。

他の業績管理の仕組みよりも、アメーバ経営というのはものすごく利益を出しやすかったり、いい会社にしやすい、強いエンジンです。

でもエンジンを持っている車に必ずついているのは、ブレーキです。ブレーキがなかったら、どんなにエンジンが回っても危なくてコーナーに突っ込めません。

アメーバ経営は、リーダーにアメーバの運営を任せてしまい、フィロソフィ、特に利他の考え方がブレーキの役割を果たします。

全体の中で、とにかく自分のところを優先してパフォーマンスを上げたいという誘惑にかられても、それはだめですよと教えてくれます。

たとえばＪＡＬさんで言えば、「最高のバトンタッチ」という言葉があります。飛行機をパイロットの方が飛ばして、今度はそれを空港部門の人が受けます。その飛行機を飛ばすために整備の人たちが頑張ります。それぞれみな頑張るんだけど、でもみなの思いを一つにつないでいくということが、必要不可欠です。

管理会計は、一個一個の業績を出すことによって、そしてもし成果主義と完全に結びつけてしまったりすると、一気に部門最適を招きます。

利他の考え方というのは、部門最適ではなく、全体最適に向かわせるためのブレーキの役割を果たしていると思っています。

【日置】それでは青山さん、どうぞ。

【青山】そうですね、利他が何かというより、もっと大事なことは、利他を実践できる人を育てるということだと思います。

私は、２週間前にオックスフォード大学を訪問したのですが、オックスフォード大学は稲盛財団と協力して、京都賞の講演をオックスフォード大学でやろうとしているんです。

それで、私が行ったときに、なぜオックスフォード大学が京都賞というものに注目したのか、協力したいと考えたのかと質問したところ、ノーベル賞というのは基本的には業績、優れた発見とかそういったものに与えられるのですが、京都賞は業績だけでなくて、受賞者の人格や人間性まで考えて受賞者を選んでいると、そういうふうにおっしゃっていた。そこが京都賞のすばらしいところだと。

それで、そういった受賞者の人たちは科学とか芸術とかのリーダーなのですが、必ず利他的なところがある。

したがってそういう優れた利他的なところを持った人たちから直接学ぼうとしているわけです。そういうことがすごく大事じゃないかと考えています。

[日置] ありがとうございました。利他という概念については、私はもうちょっと膨らましてもいいのかなと思っています。

たとえば投資というのはどう考えたって利己的だというふうに思われるわけですけれども、実は資本主義が出てきた18世紀、19世紀頃というのは利他の側面が非常に強かった。その当時ですと株式か国債ぐらいしか金融商品がなくて、そういうものに投資したわけですが、たとえば国債ですと、その当時は国債を発行する一番大きな理由というのは、実は戦費調達です。

戦争のための費用を国債で賄おうとする。ですから、戦争に負ければいっぺんで国債は下がってしまうわけです。

にもかかわらずそこに投資をするというのは、それはある種の社会参加であり、その国を応援するという意味を持っているから、これはきわめて利他的行動であったわけです。

株式会社も実は同じで、この会社の事業に何とか金を回してやって、そして事業に賛同するがゆえに株を買うという、そういう利他的行為だったわけですが、今現在は利他的に株式投資をするなんてことは全然考えられない。

しかしもう一度、そこのところで踏みとどまって考えてもいいのではないか。制度的には、今は金融商品があふれかえっていて、直接にその事業とは関係なく単に数字の上がり下がりでしかない、そういうものに投資をするという格好になっているので、利己的行為そのものとしか言いようがない状態になっているわけですが、もう一度それをもとに戻すような形の制度的復活というのができないだろうか。

逆にいうと利他の回復というのは、そういう制度の問題でもあるんだろうと。そうしてまた、本来であれば株式会社をつくるということ自体が、実は社会に対して必要な事業を提供し、そしてモノとかサービスを販売することによって自分自身も利益をあげていく。

つまり社会的に望ましいことをした結果として自分も利益が出るという、そういう仕組みが資本主義だったはずであるわけです。それがそうでなくなった。なぜかというと、話は簡単で、モノを売らなくても金が出てくる。モノでなくて、実際、（金融商品には）派生商品というのがたくさんあります。

権利を売ったり、何かそのようなバイパスを通して、実際にモノをつくらなくても金が入ってくるような仕組みをつくってしまった。

このために、現在、会社をつくるというのは、言ってみれば昔のヒルズ族ですか、要するに上場することによって金を手に入れることだけが目的だという、そういう行動をとる企業家が出てきた。

そうではなくてあくまでも社会にとって役立つ事業を行う、それこそが事業の目的だという、そこにもう一度理解を回復させるような枠組みを考えないといけない。

そういう点で、あえてお三方に利他を語っていただいたわけですけれども、最終的にそこに至る道筋は、皆さん実は同じなんじゃないか。

いろんなバイパスを通して最終的に企業の健全なあり方をいかに回復していくか、そこに収れんしていくというのが、ある種、稲盛フィロソフィの根幹にあると考えてもいいのではないかという印象を私は受けました。

そういった意味では、この鹿児島大学 稲盛アカデミーが全体としてそういう研究ができるように、今後もいろいろな研究を続けていきたいと思っています。

＊本章は2016年9月30日「第4回稲盛アカデミーシンポジウム」を基に再構成しています。

あとがき

鹿児島大学 稲盛アカデミーの挑戦

本書出版の直接の契機は、2016年9月に開催された稲盛アカデミーシンポジウムで鹿児島大学の学生、院生、留学生に稲盛名誉会長が直に触れて語り掛けられたことにあります。

基調講演のテーマは本書の第1章にもあるように「今、君たちに伝えたいこと」。学生諸君は60年の時を隔てた母校の大先輩、鹿児島大学最初の名誉博士である稲盛和夫京セラ株式会社名誉会長の熱い語り掛けに聞き入りました。

氏は心に抱く「思い」の偉大な力、それを何としても成し遂げたいという強い願望によって信念にまで高めなければならないこと、そして60年にもわたって必死の努力を続けられたこと、これらのことを懇切に伝えられました。

京セラの創業と世界的企業への発展はこの「思い」に依るものであること、KDDIを純粋な「思い」から生んだこと、悩みに悩んだ末に「三つの大義」に依って日本航空再建という政府からの要請を引き受け、3年足らずの間にこれを成し遂げたことなど、学生は「熱中教室」さながら食い入るように聞き入りました。

この日、予定時間を大幅に超えて、5人の学生と対話されました。最後の質問に対して、氏は笑顔で、「それは、自分でやらんとしようがないじゃないか。今あなたの近くにおったら、ケツ叩いて『バカか、お前は』と言って叱りますけどね」と愛情あふれるお言葉を返され、会場は和やかな笑いに包まれました。氏が後輩に当たる学生を慈しんでくださっていることを実感できる得難い時間でした。

氏はこれより先にも、鹿児島大学工学部稲盛会館で学生に講演されています。本書はこれらを合わせて編んでいますが、そこで交わされた学生との質疑応答も紹介しました。氏の「若い人に伝えたいこと」がここに刻印されています。

2017年3月、鹿児島大学の「進取の気風広場」に、制作者池川直鹿児島大学教授の手になる名誉博士像が完成しました。本学の、稲盛会館や稲盛アカデミーなど、学術や教育の拠点に加えて、精神の象徴というべき名誉博士像が建立されました。これから将来に向けて数多くの学生が、また教職員が、ときには市民の皆様が、進取の気風広場で名誉博士と向き合い、その「思い」に触れることができます。

銘文にはこう刻まれています。

どんな逆境に遭遇しようとも
どれほど厳しい環境に置かれようとも
挫けることなく

常に明るい希望を持ち
地道な努力を一歩一歩たゆまず続けていくならば
自分が思い描いた夢は
必ず実現する

稲盛アカデミーは鹿児島大学が誇る偉大なる先輩稲盛和夫名誉博士の哲学・経営哲学（稲盛フィロソフィ）をコア・バリュー（基本価値）に置き、これに基づく教育研究と社会連携・地域貢献に努めます。

稲盛フィロソフィは組織を動かす経営哲学であり、また個人や社会を動かす社会哲学でもあります。その学術的な探究とこれを基盤とした教育および社会貢献は「進取の精神」の涵養《かんよう》という鹿児島大学の基本理念に通底します。

こうしたミッションは学内向けプログラムとして、多くの鹿児島大学学生が受講者となる「共通教育科目」の提供や京都賞受賞者鹿児島講演会に併行する「鹿児島コロキウム」の開催、また学外向けプログラムとして、社会人を対象とした履修証明プログラム「稲盛経営哲学」の開講、学内外に向けた稲盛アカデミーシンポジウムの開催などの事業を通して、その実現を目指します。

２０１７年度からは、稲盛アカデミーの「人間教育」「経営教育」「地域・国際連携」の３部門に部門長・教員が配置され、特任専門員と客員教授を加えた体制が整い、これにより、稲盛アカデミー・プロジェクト研究、国内体験学習および海外研修の実施、高校生向けプログラムの開設などの計画化が可能になりました。

大学・各部局はもとより、京セラ株式会社、公益財団法人稲盛財団、立命館大学稲盛経営哲学研究センター、盛和塾鹿児島、そして鹿児島県および関係機関によるご支援と連携・協働によりアカデミーのミッションを果たしていきます。

鹿児島大学 稲盛アカデミー長　武隈 晃

稲盛和夫（いなもり・かずお）

1932年、鹿児島市に生まれる。55年、鹿児島大学工学部を卒業後、京都の碍子メーカーである松風工業に就職。59年、資本金300万円で京都セラミック（現・京セラ）を設立し、社長、会長を経て、97年より名誉会長。また、84年に第二電電企画（現・KDDI）を設立、2010年には日本航空の会長に就任し再建に携わる。主な著書に『生き方』（サンマーク出版）、『働き方』（三笠書房）、『アメーバ経営』（日経BP社）などがある。

――本書のプロフィール――

本書は、二〇一七年九月にプレジデント社より単行本として刊行された同名作品を文庫化したものです。

小学館文庫プレジデントセレクト

活《い》きる力《ちから》

著者　稲盛和夫《いなもりかずお》

二〇二〇年十一月十一日　初版第一刷発行

発行人　飯田昌宏

発行所　株式会社　小学館

〒一〇一-八〇〇一
東京都千代田区一ツ橋二-三-一
電話　販売〇三-五二八一-三五五五
　　　編集（プレジデント社）
　　　〇三-三二三七-三七三二

印刷所――凸版印刷株式会社

この文庫の詳しい内容はインターネットで24時間ご覧になれます。
小学館公式ホームページ　http://www.shogakukan.co.jp

ISBN978-4-09-470025-1